인생을 숙제처럼 살지 않기로 했다

인생을 숙제처럼 살지 않기로 했다

힘 빼고 유연하게,
모든 순간을 파도 타듯
즐기는 심리 수업

웃따 지음

달빛북

울고 싶을 때마다 애써 웃는 당신에게

학교에서, 가정에서 그리고 직장에서 느끼는 삶의 무게감 때문에 힘들어하는 분들을 만나고 또 상담하면서 많은 궁금증이 들었습니다. 우리는 왜 이토록 많은 아픔을 느끼며 삶을 마지못해 숙제처럼 사는지, 이 아픔을 해소할 궁극적인 방법은 없는지 답을 찾고 싶었어요.

그렇게 심리학을 깊이 공부하기 시작했고 제가 알게 된 것들을 영상으로 만들어 유튜브에 올렸습니다. 감사하게도 수많은 분이 댓글로 함께 아픔을 공유해 주었어요. 평생 자신을 이상한 사람이라고 생각하고 살았는데 영상을 보고 그게 아니라는 걸 알았다고, 더 이상 삶을 무거운 짐으로만 여기지 않겠다고 이야기하는 댓글을 보며 저 역시 참 많은 위로를 받았습니다. 내담자분들, 구독자분들과 함께 마음을 나누며 제 자신을 다시 돌아본 것은 물론입니다.

저는 가면성 우울(mask depression) 환자였습니다. 거의 최고치 점수에 해당하는 중증이며 자살 고위험군에 속하는 사람이었습니다. 가면성 우울이란 가장 가까운 사람이나 같이 사는 가족도 전혀 눈치 챌 수 없을 만큼 가면 속에 우울을 숨겨두는 것을 말합니다. 겉보기에는 매우 밝고 에너지가 넘치며 평소와 아무것도 다를 게 없지만 그 속은 심각하게 고갈되고 있는 것이죠. 우울을 가면 뒤에 감추고 있다는 사실을 자기 자신도 모른 채 살아가는 경우도 많습니다. 저도 그랬을 겁니다.

얼마나 많은 사람이 아픔을 숨기고 살아갈까요? 아픔뿐만 아니라 자기 본연의 모습 자체를 숨기고 살아가기도 합니다. 나다움, 나의 감정, 나의 기호, 나의 느낌, 나의 취향, 내가 정말로 원하는 것이 무엇인지 모른 채 살아갑니다. 사회가 심어준 것과 부모가 심어준 것을 처음부터 내 것이라고 착각하며 살아가기가 쉽죠. 진짜 자기가 드러나기라도 하면 무슨 큰 잘못을 한 것 마냥, 또는 누구한테 잡아먹히기라도 하는 듯이 무척이나 '방어'하며 살아갑니다.

그래서 자기 안에서 일어나는 다양한 감정을 좋은 것과 나쁜 것으로 나눈 다음 나쁜 것은 수용하지 못하고 견디지도 못하며 모른 척하고 긍정의 홍수 속에서 열심히 살아갑니다. 이런 것을 '억압'이라고 합니다. 차라리 아파할 수 있으면 다행인데 아픈 줄도 모르고 꾹꾹 눌러 담지요. 그러다가 결국 그 부정을 피할 수 없는 상황을 맞이할 때 자신의 무너진 모습, 연약한 모습을 인정할 수 없어서 상황 탓, 남 탓을 하고 무엇이든 합리적인 핑계거리를 대며 수치심에서 빠져나갈 구멍을 찾습니다. 이렇게 인정하지 못하는 것을 '부인'이라고 합니다.

저는 은유적으로 표현하자면 전공이 '억압'이고 복수전공이 '방어', 부전공이 '부인'인 사람이었습니다. 우울증으로 끙끙 앓기 전까지는요. 그러면서 일은 또 얼마나 열심히 하고 열정이 넘쳤던지, 직업이 한두 개가 아닙니다. 저는 10년 이상 신학 공부를 하며 경력을 쌓아 30대 중반에 흔치 않은 여성 목사가 되었고, 동시에 상담심리사이며, 심리학 및 신학으로 강의를 다니는 강사이자 13만 명에게 위로와 통찰을 주는 심리학 유튜버이며, 두 아들의 엄마이고 목사의 아내이자 목사의 딸입니다. 저의 프로필을 다 나열하니 숨이 차네요. 우울증에 걸렸다는 게 이해가 안 될 만큼 제게 주어진 것들은 무척 성스럽고 충만합니다. 그런데 잘 보세요. 저것들을 다 하고 사는 인간이라면 어디 하나 고장이 나는 게 맞지 않나요? 저는 왜 그걸 몰랐을까요?

저는 무엇 하나 신경을 덜 쓰거나 소홀히 하는 사람이 아니라 5개를 하면 5개 모두에, 10개를 하면 10개 모두에 똑같이 불타는 열정을 쏟아내는 사람입니다. 충전기 없이 '열일하는' 노트북처럼, 물 한 번 마시지 못하고 계속 달리는 경주마처럼 살았습니다.

저는 제가 좋아서 했기 때문에 한 번도 일 때문에, 공부 때문에 힘들다고 느껴보지 못했습니다. 유튜브도 저처럼 고민 없이 생각하자마자 바로 다음 날 시작하는 사람도 드물 거고, 이렇게 쉽게 운영하는 사람도 드물 겁니다. 어느 날 아빠가 심리학 공부를 해보는 게 어떻겠느냐고 하셔서 가볍게 민간 자격증을 따는 것으로 시작했는데 심리학이 너무 재밌었어요. 빠져드는 거예요. 저는 재밌거나 좋으면 주변에 막 소개하는 영업 체질인지라 유튜브에 올리면 저도 공부가 되고 구독자들에게도 유익하겠다는 마음으로, 가뜩이나 생활비도 부족한데 용돈도 벌 수 있으면 좋겠다는 마음으로 진짜 아무 준비 없이 시작했습니다. 마이크와 조명도 없이 휴대폰

하나 켜고 벽에 서서 아무 말이나 하면서 시작했어요.

그런데 사람들이 좋아하는 거예요. 저도 정말 보람 있고요. 구독자 수가 늘지 않아서 압박을 느낄 때도 있었지만 그런 시간은 길지 않았어요. 적은 숫자라도 힘을 얻는 분들이 계셨고 그거면 이 채널이 존재하는 이유가 충분했으니까요. 웃따 채널 구독자분들이 정말 좋으신 분들이라 악플도 없고 반응도 잘해 주시고 솔직하게 자기 아픔을 잘 나눠주셨어요. 어느새 제 채널의 댓글창은 서로 솔직하게 자신을 말하는 공간이 되어 갔어요. 저는 댓글 다 읽거든요. 읽으면서 같이 아프고 배우고 마음으로 응원하고 그래요.

강의도 진짜 신나게 합니다. 그 흔한 피피티(ppt)도 만들지 않아요. 일단은 귀찮고, 필요가 없거든요. 강사가 그 이상으로 강의하면 되니까요. 방송을 할 때도 대본을 안 만듭니다. 오히려 대본이 있으면 자유롭지 못해서 뭘 보면서 말하는 걸 선호하지 않습니다.

제가 얼마나 자신감 있고 행동력 있는 사람인지 보이시나요? 저는 정말이지 다 가졌습니다. 착하고 멋진 남편과 사랑스럽고 예쁜 두 아들, 화목한 친정 식구와 시댁 식구들, '사' 자로 끝나는 여러 직업과 그에 따른 명성과 인기까지.

제가 왜 자꾸 제 자랑을 할까요? 이런 사람이 도대체 뭐가 문제라서 가면성 우울 중증에 자살 고위험군이 되었느냐 질문을 던지는 겁니다. 여러분도 겉보기에 괜찮아 보여도 속을 잘 들여다보셔야 합니다. 제가 봤을 때 현대인, 특히 한국 사회에서는 아프지 않은 사람이 없습니다.

저는 일하는 거 즐겁고, 가족들 사랑하고, 문제없이 사는 거 같았는데 가끔씩 저도 모르게 한마디도 할 수 없을 정도로 기분이 가라앉았어요. 전화를 받을 수 없을 만큼 목소리가 아예 나오지 않는다거나, 목디스크나 허리디스크가 굉장히 심해진다거나 하는 신체적 증상으로 한 번에 고통이 몰려왔습니다. 그때도 저는 제가 우울한 사람인지 몰랐습니다. 그래서 다음 날이면 또 경주마처럼 달리고 멈출 줄을 몰랐습니다. 쉬려고 찜질방을 가서도 그 뜨겁고 어두운 찜방에 누워 땀을 뻘뻘 흘리며 책을 보는 사람이었으니까요. 한 권도 아니고 서너 권쯤을요. 이쯤 되면 책을 보러 간 건지, 찜질을 하러 간 건지 저도 모르겠지만 어딜 가도 그랬습니다. 한 손에는 김밥을, 또 한 손에는 펜을 잡고 공부했습니다. 밥 먹는 시간에도 제 자신에게 자유를 선사하지 않는 사람이었죠.

저는 그게 잘 사는 거고, 행복이라고 믿었습니다. 참으로 미숙했지요. 행복은 타인이 정의 내려주는 게 아니라 내 마음이 편해야 하는 것이고 조건, 환경, 성과처럼 외부에서 오는 것이 아니라 내 안에서 흘러나오는 것인데 제 안에는 그게 없었던 것 같아요. 오직 목표와 열정만 존재했고 자유나 평안은 없었습니다. 그러고도 제 인생이 훌륭하다고 자부하며 살았습니다. 자유나 평안이 있는 줄 알았습니다. 남들이 저보고 훌륭한 사람이라고 정의 내려주니까 진짜 훌륭한 사람이라고 생각하면서요.

그러다가 어느 날 저는 우수수 무너져버리게 됩니다. 제 인생에서 말로 표현할 수 없을 만큼 소중한 것을 잃고 다섯 차례의 자살 시도를 합니다. 정말 아무도 모르게 말이죠. 그 소중한 것은 바로 '사람'이었습니다. 저는 저를 잘 몰랐고 그저 목표를 성취하면서 살기 바빴는데 알고 보니 저는 정말로 사람에게 약하고 대인관계에 아주 민감한 성향이었어요. 어쩌면 그런 민감함이 너무 힘들어서 그렇게 쿨하고 멋있는 척일만 하고 살았던 건지도 모릅니다. 사실 모든 중독은 결핍에서 나오고, 일중독도 마찬가지거든요.

아무도 모르는 비밀인데, 저는 사실 애정결핍이 있습니다. 전혀 티가 나지 않는 끝내주게 세련된 애정결핍입니다. 아무에게도 집착하지 않고 의지하지 않고 굉장히 혼자 우뚝 잘서 있는 가면 쓴 애정결핍이죠. 이런 저를 누가 애정결핍이라고 생각하겠어요. 저조차도 몰랐는데 말이죠. 그런데 심리학 공부를 하고 보니 보이는 거예요. 저는 결핍이 있어서 일중독사가 된 겁니다.

일중독 또는 다른 중독으로 살아가는 분이 이 책을 보고 계실지도 모르니 결론부터 말씀드리겠습니다. 결핍은 다 채울 수 없지만 결핍 때문에 생긴 중독은 고칠 수 있습니다. 이 책을 다 읽고 나면 결핍을 그대로 인정하고 품은 채, 중독에서 벗어날 수 있다는 희망을 느끼실 겁니다. 저처럼 끔찍한 일중독에 빠져 있던 중증 우울증 환자도 고쳤으니까요. 신경증은 불치병이 아니랍니다.

타고난 상황들이 불행할 수도 있습니다. 그런데 그 속에서도 자신만의 길을 가며 꽃을 피우는 사람들이 있어요. 자신의 미숙함을 있는 그대로 받아들이고, 나라는 인간을 데리고 행복하게 살아가기 위해 노력하는 사람들이에요. 저는 가면성 우울을 앓으며 제 안의 미숙함을 마주했고, 어떻게 하면 그런 나를 데리고 여생을 행복하게 살지 고민했어요. 그 고민과 답을 이 책에 담았습니다. 1부에서는 제가 왜 그렇게 아팠는지, 어떻게 그 아픔에서 나오기 시작했는지 이야기를 풀어볼게요. 2부에서는 우리의 마음이 괴로운 이유들을 다루고 3부에서는 성숙한 내가 되기 위해 알아야 할 근본적인 이야기를 해보려고 해요. 미숙한 나를 인정하고 잘 달래며 행복하게 살아가기 위한 방법이에요.

이 책을 내면서 좀 걱정이 되긴 합니다. 저를 상담해 주시는 분들 말고는 제 이야기를 아무도 모르거든요. 양가 부모님과 남편이 뒷목 잡고 쓰러지는 거 아닌가 약간 걱정이 돼요. 출판사 여러 곳에서 책을 쓰자고 했는데 가족들이 뒷목 잡을까 봐 계속 거절했었거든요. 그런데 갑자기 왜 쓰게 됐냐면, 남은 가면을 완전히 벗어보려고요. 여러분도 책 읽으시면서 저랑 같이 벗어요. 아, 옷 말고 가면만 벗어요, 우리.

차례

Part 1.   다른 사람이 되려
           애쓰지 않기로 했다

Part 2.   가면을 벗으면
           비로소 보이는 것들

나도 몰랐던 미숙한 마음 1. 눈치 보기

나도 몰랐던 미숙한 마음 2. 가짜 자기

Part 3. 파도 타듯이 유연하게 살아가기 위해

가면성 우울 체크리스트

....

　가면성 우울은 증상들이 눈에 띄지 않기 때문에 스스로 잘 모를 수 있습니다. '미소 우울증(smiling depression)'이라고도 하는데 이름과 같이 무의미, 절망, 슬픔 같은 우울한 생각을 하지만 행복한 겉모습을 통해 숨길 수 있는 우울증의 일종입니다. 《정신질환 진단 및 통계 매뉴얼(DSM-5)》에는 표기되지 않지만 현대인에게는 흔하게 나타나고 있고, 국민건강보험공단에서는 다음 19개 증상으로 설명합니다. 해당되는 증상이 많을수록 가면성 우울 경향이 높다고 볼 수 있습니다.

　가면성 우울은 좋은 일이 있을 때 일시적으로 기분이 나아지기도 하지만 그 순간은 매우 짧습니다. 그래도 순간적으로 힘이 나는 것을 느낄 수 있기 때문에 스스로 우울한 증상을

가면성 우울 증상
☐ 원인은 알 수 없지만 죄책감이 든다
☐ 이유 없이 슬픔에 빠진다
☐ '나는 실패자다'라는 생각이 날 괴롭힌다
☐ 미래가 비관적으로 느껴진다
☐ 모든 원인이 나의 잘못으로 시작됐다고 느낀다
☐ 자살에 대해 생각해 본 적이 있다
☐ 배가 고파도 먹고 싶지 않다
☐ 내가 추하다는 느낌이 든다
☐ 불면증에 시달린다
☐ 체중이 갑자기 줄었다
☐ 열등감이 심하다
☐ 내 모습을 돌아보면 실망스럽다
☐ 타인과 함께하는 시간이 무의미하게 느껴진다
☐ 일을 하지 않아도 피곤하다
☐ 집중력이 떨어져 일을 잘 못한다
☐ 세상의 모든 것이 불만족스럽게 느껴진다
☐ 매사에 의욕이 떨어진다
☐ 짜증이나 화가 자주 난다
☐ 평소에 자주 눈물을 흘리는 편이다

피하고 기분을 고양시키기 위해 끊임없이 좋은 경험을 찾으려고 하는 패턴이나 신념을 보이기도 합니다.

이들은 더욱 열심히 노력하고 일하며 성취감을 느끼려고 하고 실제로도 느끼며, 주변 사람들에게도 문제없이 보이고 그들과 함께 잘 어울려 사는 것처럼 보일 수 있습니다. 그러나 사실은 나의 감정을 솔직하게 공유하면 다른 사람들이 나를 판단할 것이라고 걱정하고, 숨기는 것이 더 안전하다고 생각합니다. 남성은 짜증, 공격성, 잘못된 분노를 경험할 가능성이 높은 반면, 여성은 슬픔의 감정을 더 자주 느낍니다.

또한 중요한 특징 중에 하나는 자신의 우울과 고통을 대수롭지 않게 여기려고 한다는 것입니다. '우울한 현실주의'라는 용어를 쓴 학자들도 있는데, 그만큼 우울과 고통에 대해 냉소적으로 논평하고 '그렇게 중요한 문제도 아닌데 누가 신경 쓰겠어?'라고 생각하는 경향이 있습니다. 한편으로는 '낙관적인 환상'이기도 합니다. 나쁜 일을 경험하거나 우울하고 고통스러울 때 대수롭지 않게 여기면서 긍정적인 의미를 부여합니다.

이들은 타인에게 자신의 우울을 들키지 않으려고 애써 감추기도 하지만 무의식적으로 자기도 모르게 우울을 억압해서 자신조차도 눈치채지 못할 수 있습니다. 그래서 가면성 우울을 치료하려면 내가 우울하다는 것부터 알아야 합니다. 그러려면 우선 내가 쓰고 있는 가면을 내 앞에서부터 벗어야 합니다. 쓰고 있는지조차도 모르는 그 가면이요. 내 앞에서 벗고, 그 다음은 타인 앞에서 조금씩 벗는 거예요. 그러면 외부에서 주어지는 것이 아닌, 내 안에서 비롯된 자유와 편안함을 느낄 수 있습니다.

Part 1.

다른 사람이 되려

애쓰지 않기로 했다

처음 가면을 벗던 날

심리학을 공부하면서 저의 애정결핍을 채워줄 것 같은 친구를 만났습니다. 엄마처럼 포근하고, 친구처럼 재미있고, 남편처럼 저를 사랑해 주고, 선생님처럼 저를 이끌어 주고, 아이처럼 저를 의지하며 상부상조하는 환상적인 관계였습니다. 도대체 한 사람 안에 몇 가지의 중요한 애착 대상이 들어가 있는 건지, 아주 얽히고설킨 끈끈한 관계였죠.

결핍은 결핍을 끌어당겨요. 그 친구도 저도 각자 결핍이 있기 때문에 빠르게 가까워졌고 그럴수록 서로를 힘들게 했습니다. 그 친구는 달팽이가 껍데기에 들어가듯 자기 안으로 쏙 숨어버리는 내향인이고 저는 투명하게 마음을 공유하고 나누어야 하는 외향인이거든요. 정말 안 맞았는데 서로를 깊이 아끼고 사랑했기 때문에 그 애착관계를 놓지 못했습니다.

그렇게 갈등이 깊어질수록 서로 지쳐갔고, 마침내 각자의 길로 돌아섰습니다. 융합된 관계의 결말은 파국이니까요. 부모와 자녀든, 배우자든, 연인이든, 친구든 건강한 관계는 적당한 경계선을 가지고 분화한 존재로서 협력할 수 있어야 합니다. 너와 나의 분화 없이 완전히 하나가 되어 서로를 침범하는 융합된 관계는 결국 서로를 망칩니다.

우리는 건강한 분화를 위해 합의하에 거리를 두기로 했습니다. 그런데 저는 그 친구가 돌아서버린 그 시간들을 견딜 수가 없었습니다. 그 친구는 저의 엄마이자 친구이자 남편이자 선생님이자 동료인 환상의 대상인데 그 모든 사람이 한순간에 사라져 버리니, 마치 제 자신이 사라져 버린 것 같았어요. 융합되어 있었기 때문이겠죠. 그 친구는 곧 제 자신이었을 테니까요. 이제 와서 분화를 시도하려니 저의 살점과 피부를 뜯어내는 고통을 겪어야 했던 거예요.

그리고 자연스럽게 멀어진 게 아니라 저의 상식으로는 도저히 납득할 수 없는 방식을 통해 관계가 끊어졌고, 제 입장에서 그건 처참하게 배신당하고 버림받은 것이었습니다. 가장 친하고 믿었던 친구에게 어느 날 갑자기 버림받고 배신당한 거죠. 멀어지는 과정에서 그 친구가 저에게 취했던 방식들은 제 자신을 인간 이하로 느끼게 했기에 저는 견딜 수가 없었습니다. 이 세상에서 딱 사라지면 좋겠다는 생각을 피할 수 없었습니다.

나도 몰랐던 나의 우울

어느 날은 친정집에 있을 때 그 친구의 소식을 들었습니다. 저를 버리고도 알콩달콩 행복하게 잘 사는 것 같더라고요. 그 순간 조용히 방으로 들어가 창문을 열었습니다. 14층이었거든요. 아래를 내려다보니 '여기가 딱 좋겠구나' 하는 생각이 들면서 그 아래가 너무나 평온해 보였습니다. 이게 무슨 느낌인지 우울증 환자들은 이해할 수 있을 거예요.

그런데 여러분, 그거 절대 사실이 아닙니다. 그 아래는 결코 평온하지 않아요. 훨씬 더 고통스럽습니다. 더도 말고 덜도 말고 떨어지는 그 순간에 바로 깨달을 수 있을 겁니다. 그 아래가 평온하지 않다는 걸요.

아무튼 그때 정말 간절히 떨어지고 싶었는데 엄마가 방에 들어왔어요. 당시 거실에 무려 12명의 가족이 있었는데 저는 방에서 그러고 있었으니 정말로 제대로 실성을 한 거죠. 이러다가 정말 죽겠다 싶어서 바람을 쐬려고 밖으로 나갔습니다. 차 시동을 켜는 그 순간 저는 직감했습니다.

'나는 여기서 엑셀을 밟고 끝을 내겠구나. 더 이상은 이 충동을 참을 수 없어.'

정말로 죽음이 코앞에 와 있는 느낌이었습니다. 다이어트 중에 치킨을 마주한 사람처럼 엑셀을 힘껏 밟고 싶은 충동을 더 이상 제 의지로 꺾을 수 없었습니다. 이러다가 내 자식 버리고 죽게 될지도 모른다는 생각에, 예전에 제가 상담을 받았던 선생님에게 전화를 했습니다. 영하 10도에 폭설까지 내린 추운 날씨였는데 그 나이 많으신 할머니 교수님이 그 밤에 제 전화를 받고 한 시간을 운전해서 오셨습니다.

오시는 동안 전화를 끊지 못하게 했습니다. 전화를 하면서 사진첩을 열어 아이들의 사진을 보며 자기를 기다리라고 했습니다. 저는 몸이 고통스러우면 마음의 고통이 덜어질까 싶어서 그 한파에도 자동차 히터를 일부러 틀지 않고 몸을 얼렸습니다. 그렇게 최대한 제 몸을 학대했는데도 마음의 고통이 줄어들지 않았습니다.

그 선생님이 한 시간 만에 와서 제 손을 붙잡고 말했습니다. 원래 저에게 존댓말을 하는 분인데 그때는 저를 내담자가 아닌 어린 딸처럼 대하시더라고요.

"이런 상황에서도 어떻게 한 번을 목 놓아 울지 못 해…. 그만 삼키고 소리 내서 울어도 되는데. 얼마나 참고 살았으면 소리 한 번을 낼 줄 몰라. 그냥 엉엉 울어봐."

"저는 그만 고통스럽고 싶어요. 제 마음에서 그 친구가 작아질 수 있을까요?"

"할 수 있지. 약을 먹자."

"약이요? 사람을 잊는 약이 있어요?"

"항우울제."

"네?"

저는 그때까지 한 번도 제 자신이 우울증이라고 생각하지 못했어요. 그저 친구를 잃어서, 그게 꼭 나를 잃은 것 같아서 슬픔을 견디지 못하는 것뿐이라고 생각했거든요. 그런데 '우울증이라면 이 고통은 나아질 수 있겠구나' 하는 약간의 희망이 생겼습니다. 우울증은 불치병이 아님을 잘 알고 있기 때문에 약의 힘을 빌려 고통에서 벗어날 수 있다는 게 안심되었습니다. 또 제가 미저리 같은 인간이어서가 아니라 우울증 때문에 나타난 증상이라고 하면 좀 낫잖아요. 이런 것을 '진단위로'라고 합니다. 암에 걸리면 진단명을 듣고 더 상심하지만 우울증은 진단명을 들으면 나와 병을 분리해서 생각하게 돼서 오히려 안도해요.

아파할 수 있는 것은 힘입니다. 아픈데 안 아픈 척하거나 아픈 것을 모르고 살아가면 속에서 큰 병이 돼요. 아파하는 자신을 본다는 건 용기입니다. 무너지는 가슴을 부여잡고 약이라도 먹으면서 그 시간을 버텨낼 수 있는 건 그 사람이 그만큼 힘이 있다는 거예요. 게다가 그걸 주변에 알릴 수 있다면 진짜 슈퍼맨 급의 힘이고요.

타인에게 아픔을 드러낸다는 것

그 상담사 선생님은 저에게 이어서 말했습니다.

"남편 지금 어디 있지? 내가 잠깐 만나고 가야겠어."

"안 돼요, 선생님. 우리 남편은 아무것도 몰라요. 저는 말할 수 없어요."

"다른 얘기는 하지 않을 거고 병원에 데리고 가야 한다고만 말할 거야. 5분이면 돼."

"아… 어쩌지. 안 되는데…. 네…."

선생님이 제 남편을 만나는 동안 저는 차에서 기다렸습니다. 그 어떤 순간보다 긴장되었습니다. 제 상태를 처음으로 타인에게 알리는 순간이었죠. 그때까지 그 어떤 지인에게도 아픔을 드러내본 적이 없어요. 그날 그 선생님이 제 증상을 말해주던 것이 제 인생에서 처음 있는 '우(울증)밍아웃'이었습니다.

남편이 대화를 마치고 제가 있는 차에 탔습니다. 남편은 제게 자살시도의 이유를 묻지 않았어요. 그저 자기가 저를 가장 우선으로 생각하고 있다는 것을 말해주었어요. 그리고 다음 날 함께 병원을 갔고 저는 검사를 통해 '가면성 우울 증'이라는 진단을 받았습니다. 의사 선생님이 남편에게 말했습니다.

"아내가 이렇게 심한 우울증인 거 전혀 몰랐죠?"

"네."

"그게 가면성 우울이에요. 같이 사는 사람도 몰라요."

그렇게 처음으로 저의 날것이 타인에게 드러났습니다. 그렇다고 뭐 대단히 드라마틱한 변화가 생긴 것은 아니에요. 아주 어색한 듯, 어쩌면 편안한 듯 대화를 주고받았죠. 남편은 저에게 말했어요.

"의사 선생님이 면허증을 너 태어난 연도에 따셨더라고."

"그래? 그런 건 언제 봤대?"

"그리고 책장에 골프 트로피가 엄청 많아."

"오빠는 눈썰미가 참 좋아."

"밥 먹고 들어갈까?"

"그래."

뭐죠? 가면을 벗었는데 이렇게 아무렇지 않다니요. 저는 그렇게 남편이라는 한 사람에게만 가면 속에 감춰진 제 상태를 알리고 몇 주를 보냈습니다. 여진히 저는 자살 충동에 시달렸고 약을 먹었으나 약의 효과는 사람마다 다르게 나타나기 때문에 바로 좋아지지는 않았습니다. 저는 매일 심한 두통에 시달렸고 침대에서 일어나지 못했고 아이들을 거의 돌보지 못했습니다. 그래도 이제 제 상태를 남편이 알았기 때문에 집안은 얼추 돌아갔습니다.

처음으로 철없는 아이가 되어

저는 목사임에도 크리스마스에 교회를 가지 못했습니다. 태어나서 처음 있는 일이었죠. 그리고 교회에서 맡고 있는 일을 그만두겠다 갑작스럽게 선언했고, 당시 진행하고 있던 생방송을 펑크 냈고, 유튜브를 멈추었고, 아무것도 하지 못했습니다. 가면성 우울이 얼마나 기능을 잘하는데, 원래 아무리 우울해도 다 감추고 해왔는데, 신기하게 한 사람에게 알려지니까 자꾸 드러나더라고요. 몸이 아프면 주변에 알리고 휴식을 취하는 것처럼 마음도 그래야 하는데 그동안 그러지 못했잖아요. 마음이 아픈 것도 주변에 알리고 충분히 대놓고 아파야 그다음에 낫는 건데 말이죠.

그렇게 슬슬 아픈 티가 나니까 제 주변 사람들이 난리가 나더라고요. 제가 맡았던 모든 일을 때려치우고 연락도 안 되고 집 밖에 나가지도 않으니 말이죠. 어느 날 참다 못한 엄마가 갑작스럽게 집에 왔습니다. 저는 여전히 꼼짝 없이 누워 있었어요. 불 꺼진 방에 시체처럼요. 엄마는 오자마자 저에게 다짜고짜 물었습니다.

"너 어디가 아픈 건데?"

"두통."

"왜."

"약을 먹었는데 부작용이 좀 있나 봐."

"무슨 약?"

"……말 못 해."

"왜. 엄마한테 말을 못 하면 어떡해."

"……못 해."

"너 암 걸렸어?"

"아니야."

"너 정말 이상한 거 알아? 엄마가 그 정도도 모를 거 같아?"

"······우울증 약이야."

"······왜."

"일이 많아서 좀 힘들었나 봐."

"내가 너를 몰라? 네가 좋아서 한 일인데, 네가 그 정도 일 했다고 이렇게 되는 사람이야? 너 오빠(남편)랑 문제 있어?"

"아니야."

"그럼 뭔데. 네가 어떤 사람인데 이렇게 돼. 무슨 일인데 네가 이렇게 돼. 내가 너를 아는데."

"그냥 좀 인간관계 문제가 있었어."

"너 그래서 우울증으로 어디까지 갔어?"

"죽으려고 했어."

몇 초의 정적이 흐른 후 엄마는 제 머리를 한 대 때리며 말했습니다.

"정신 차려라. 정신 차려!"

그러더니 엄마는 울면서 다시 말했습니다.

"네가 나한테 얼마나 자랑스러운 딸인데 네가 뭐가 부족해서, 네가 어떻게 자식을 두고 부모를 두고 그렇게 할 수 있어. 네가 어떤 사람인데."

그러더니 뛰어다니는 제 아들들에게 갑자기 버럭 화를 내면서 "애들아, 제발 좀 가만히 있어라!" 하더니 또 울면서 저에게 말했습니다.

"너도 얼마나 힘들면 그랬겠니. 너도 제정신이 아니니 그랬겠지."

엄마야말로 제정신이 아닌 것처럼 화를 냈다가 울었다가 저를 때렸다가 한참을 그러더니 산더미같이 쌓여 있는 설거지를 하고 갔습니다.

그런데요, 저는 그 순간 짧게나마 정말로 행복했습니다. 엄마에게 제 병을 말하던 그 순간 참으로 홀가분했습니다. 제 머리를 때리면서 정신 좀 차리라고 말할 때 처음으로 제가 엄마에게 철없는 베이비가 된 것 같아서 참 기분이 좋았어요. 꿀밤 맞고 꾸중 듣는 어린애가 된 것 같아서 참 따뜻했어요. 그렇게 해본 기억이 별로 없거든요. 엄마가 나를 위해 울어주고 설거지를 해주는 게 참 기분이 묘하더라고요.

그렇게 엄마에게도 가면을 벗었습니다. 남편에게 벗고, 엄마에게 벗고. 이제 가면 속의 제 모습을 아는 사람이 두 명이 됐습니다. 처음이 어렵지, 한번 벗으니까 벗을 만하더라고요.

죽으려고 올랐던 육교, 꽃길이 되다

✦

저에게 찾아와 주셨던 그 상담사 선생님이 어느 날 문자를 남겼습니다.

"빨리 낫지 말고 천천히 오래 아파요. 그동안 해보지 못한 어리광도 부리고 철없는 짓도 하면서 천천히 나아야 해요."

저는 충분히 아프기로 했습니다. 이참에 제 자신을 만나보기로 했어요. 그래서인지 우울증은 쉽게 호전되지 않았고 몇 차례의 자살 시도가 더 있었습니다.

다 포기하고 싶은 마음

극심하게 힘들었던 날 저녁에, 남편에게 잠시 마트에 다녀

온다고 거짓말을 한 뒤 집 앞 육교에 올라갔습니다. 난간에 서서 몸을 90도로 꺾고 기대어 큰 차가 지나가길 기다렸습니다. 저는 키가 크기 때문에 조금만 몸을 꺾어도 난간 밖으로 쉽게 떨어질 수 있어요. 속력을 내서 달려오는 큰 트럭을 만나면 뛰어내리려고 했습니다. 운도 없는 그 트럭 기사에게는 참 미안하지만 '이미 죽었는데 알 게 뭐람' 하고 생각했어요. 드디어 저 멀리서 기다리고 기다리던 큰 트럭이 왔습니다. 저 정도 속력과 크기라면 드디어 끝을 낼 수 있겠다는 확신이 들었어요.

저는 기독교인입니다. 자살하면 지옥 간다는 소리를 듣기는 했지만 제가 공부한 신학으로는 신빙성이 없다며 구태여 나만의 논리를 펼쳤습니다. 설령 그게 맞다 해도 내가 아는 하나님은 나를 용서할 것이라 믿으면서, 암 말기 환자가 어쩔 수 없이 죽게 되는 것처럼 우울증도 자살 충동을 동반하는 시한부 질병이니까 불가항력적 죽음으로 쳐줄 것이라 믿으면서. '내가 믿는 하나님은 내 아이들도 잘 키워주실 거야. 아빠 있잖아. 할머니도 있고 이모들도 있고, 잘 살 거야' 하고 생각했습니다.

제 죽음을 가로막는 모든 이유에게 그럴싸한 답을 하고 트럭이 지나가 버리기 전에 발을 들어올리려는데 이게 웬걸,

그 트럭 위에 제 아들들 얼굴 두 개가 동동 떠 있었습니다. 사는 거야 엄마 없이도 먹고 자고 입고 살겠지만 평생 자살 유가족으로 죄책감을 품고 살아야 할 내 아들들의 얼굴이 트럭 위에 동동 뜬 채 제게로 달려왔습니다.

'내 아들이 엄마의 죽음으로 평생 죄책감과 우울감에 시달리다가 어느 날 나처럼 이렇게 죽어버리면 어쩌지. 만약 그런다면 그 아이는 누가 죽인건가. 나지.'

우울증답게 그 와중에도 일어나지 않은 일을 생각하며 내 탓부터 했습니다. 그렇게 참 우울증다운 방식으로 죽기를 그만두었습니다.

집에 들어왔습니다. 가면성 우울 중증 환자의 명성에 걸맞게 남편과 아이들에게 아무렇지 않은 표정으로 아무렇지 않게 대화하며 웃고 장난치고 설거지하고 씻고 잠자리에 들었습니다. 그렇게 오늘의 나를 또 가슴에 묻었습니다.

그리고 다음 날, 어제 죽을 뻔했던 인간이 아침부터 생방송을 나가고 상담을 하고 강의를 했습니다. 지금껏 늘 그래왔듯이 나만 알고 있는 이상한 나를 또 나만의 공간에 꾸역꾸역 눌러 담고 그렇게 정상인 코스프레를 하며 아무도 모르는 중증 우울증을 또 겪어냈습니다.

풍파를 겪고도 햇살에 빛나는 꽃길

그렇게 소물이하듯이 하루하루를 보내고 이런저런 치료를 받으면서 극심한 우울증은 어느 정도 호전되었습니다. 제가 그 육교에서 했던 짓들도 잊은 채 살았습니다. 약 기운에 그냥 멍하니 살았습니다.

그러다 어느 날 어디 가는 길에 다시 그 육교를 건너게 되었습니다. 몇 개월 만이었습니다. 그런데 육교에 올라선 순간, 저는 입을 다물지 못하고 한참을 서 있을 수밖에 없었습니다. 양쪽 난간에 꽃이 잔뜩 심어져 있었습니다. 세상에, 꽃길이 되어 있었어요. 제가 죽으려고 허리를 숙여 발끝을 들어올리던 그 난간에 빨간색, 노란색, 보라색 꽃들이 수북이 모여 햇살과 바람을 맞으며 신나게 꽃잎을 흔들어대고 있었습니다. '그동안 고생이 많았다 예랑아. 너 그때 잘 지나갔어' 하면서, 축하의 의미로 플래카드 같은 꽃잎을 신나게 흔들어대는 것 같았습니다.

저는 잠시 넋이 나가서는 가만히 그 길을 보기만 했습니다. "이런 젠장. 이제는 떨어지려고 해도 저놈의 이름도 모를 꽃들 냄새가 코를 찔러서 떨어지지도 못하겠네"라고 중얼거리며, 꽃들의 축하를 온몸으로 받으면서 그 꽃길을 천천히 건넜습니다.

저는 원래 "꽃길만 걸어"라는 말을 좋아하지 않아요. 세상에 그런 유토피아는 없기 때문입니다. 저는 비현실적인 희망을 심어주는 무한 긍정 마인드를 신호하지 않습니다. 사람은 현실적인 수준에서 비판적이고 부정적인 시각을 갖출 필요가 있어요.

그런데 이제 "꽃길만 걸어"라는 말이 제 안에서 새롭게 정의되었습니다. 그 꽃이 결코 아름답지만은 않았음을 이제는 알기 때문입니다. 꽃 한 송이에는 모진 바람, 크고 작은 벌레의 공격, 사람들의 무심한 발길질, 과도하게 쏟아지는 비가 담겨 있습니다. 그러다가 어느 날은 쨍한 햇빛을 받으며 언제나 예뻤던 것처럼 거기 서 있는 거예요. 그 꽃이 어제는 어땠고 그저께는 어땠는지 그 꽃만 아는 겁니다. 이제 "꽃길만 걸어"라는 말이 저에게는 결코 무한 긍정 멘트가 아닙니다. 인생이란 게 원래 이처럼 더럽게 복잡하고 힘겹고, 그러다가 또 햇빛 쨍하니 살 만하고 그런 거니까요. 그 양면성을 받아들이고 인생의 아름다움으로 소화시킬 수 있다면 그게 바로 꽃길이죠.

삶은 죽으려던 육교와 꽃길 같은 육교로 나뉘는 것 같지만 사실 하나의 주소지에 있습니다. 장미의 꽃과 가시는 같은

줄기에서 나옵니다. 너무 웃겨서 흐르는 눈물과 너무 아파서 흐르는 눈물이 같은 눈물샘에서 나옵니다. 내 안의 미숙함과 성숙함은 공존하며, 둘 다 사랑스러운 내 자신으로 받아들이면 그때 삶은 꽃길이 됩니다. 온갖 풍파를 가득 품고도 햇살에 빛나는 꽃길이요.

저는 그날 온몸을 힘차게 흔들며 향기를 내뿜던 그 꽃들을 바라보며 제 인생을 조금 더 소화해 낼 용기를 얻었습니다. 여전히 약을 먹고 우울증을 지나면서도 내 안에 공존하는 미숙함과 성숙함을 들여다볼 수 있게 되었어요. 그리고 죽고 싶은 마음이 들 때는 제 자신을 부여잡기 위해 전문가인 지인에게 전화를 걸어 도움을 요청했습니다. 자살 충동이 들 때 가장 좋은 방법입니다. 이미 환자 안에는 자신을 살릴 힘도, 의지도 없기 때문에 타인에게 도움을 요청해야 합니다. 타인이 귀찮아하지 않을까 걱정하다가는 죽습니다. 타인이 귀찮아하더라도 자기 자신이 사는 게 우선이지요. 저는 그렇게 다섯 번의 고비를 넘겼습니다.

가장 깊숙이 감춰두었던 상처, 엄마

✦

'진짜 나'를 알아가는 순간들, 저와 동일시되어 있던 그 친구와 분화되는 과정은 정말이지 뼈를 깎는 고통이었다고 표현해도 될 만큼 아주 많이 고통스러웠습니다. 그래도 저를 계속 들여다봐야 했습니다. 더 이상의 가면은 안 되니까요.

일중독으로 살던 저는 더 이상 일하지 못했습니다. 설상가상인지 차라리 잘된 건지, 저는 그 무렵 허리 디스크가 터졌고 디스크 액이 흘러 염증이 생겨 수술을 해야 했습니다.

아침 생방송이 있던 어느 날 새벽, 갑작스러운 통증에 눈을 떴습니다. 발가락 하나 움직이지 못할 만큼 통증이 심해 꼼짝할 수 없었습니다. 급히 생방송을 취소하면서 방송사에 큰 피해를 입힌 후 저는 응급차에 실려 병원으로 갔습니다. 아무리 아파도 앓는 소리나 큰 소리를 못 내는데 그날은 어찌나 잔인하게 아프던지 들것에 실려 나가면서 마구 소리를 질렀습니다. 그것도 가면을 벗은 순간이라면 순간이죠. 저는 출산할 때 진통이 와도 소리 한 번 안 낸 사람이었거든요.

그렇게 병원에 실려가 소변줄을 차고, 밥을 누워서 먹고, 그러다가 토하고, 토하면서 허리가 너무 아파서 또 소리를 지르고, 그 모든 순간이 얼마나 끔찍하게 고통스러웠는지 모릅니다. 그런데 그 과정에서 서서히 제 자신을 다 놓게 되는 거예요. 제가 부여잡고 살아왔던 그 모든 일, 학업, 목표, 성과, 사람, 관계…. 몸과 마음이 이 지경이 되니 모든 게 참 부질없더라고요.

하찮아도 괜찮은 나를 만나다

허리 질병이라 병원 입원 동기들이 다 할머니들입니다. 나이 60이면 애기, 70이면 언니, 80이면 겨우 어른쯤 되는 그런 병실의 세계 속에서 저는 고작 30대 후반, 아예 태어나지도 않은 것 같은 존재였죠. 할머니들의 대화를 듣고, 할머니들이 보는 텔레비전 프로그램을 보고, 할머니들이 내는 앓는 소리들을 들으면서 살았습니다. 거기 있으니 인생을 참 관조하게 되더라고요.

그분들과 〈동물의 왕국〉을 같이 보는데 거기 나오는 곤충들, 동물들이 여기 누워 있는 우리와 뭐가 다를까 싶었어요. 한편으로는 개네들이 더 나은 거 있죠. 개네들은 디스크 터졌다고 입원도 안 하고, 우울증 걸려서 약을 먹지도 않고, 관계 중독 때문에 자살 시도를 하지도 않습니다. 가면 같은 거 쓰지 않아요. 전공이 억압, 복수전공이 방어, 부전공이 부인, 이런 게 다 웬 말입니까. 몸이고 마음이고 너덜너덜 망가진 채 누워 있는 제 존재가 참 가벼워지더라고요. 개미처럼, 사슴처럼요.

우리는 그저 자연의 일부일 뿐이고 우주의 먼지일 뿐이죠. 몸 하나 망가지면 아무것도 할 수 없는, 마음이 아파서 코딱지만 한 약 한 알에 의존해서 살아가는 나약해 빠진 존재일 뿐입니다. 이런 나약한 존재가 도대체 뭐를 그렇게 부여잡겠다고 아등바등 살았을까요. 다 놓아버려도 우주는 잘 돌아가는걸요.

인간의 존재는 우주의 먼지만도 못합니다. 그런데 그 가치는 우주에 다 담을 수 없습니다. 제가 느끼는 인간의 존재는 이렇게 하찮고 나약하지만 아름답고 가치 있습니다. 병실의 할머니들도, 저도, 개미도, 사슴도, 여러분도 모두 말이죠. 우리는 다 하찮고, 괜찮습니다.

그렇게 저는 제 등에 달린 짐들을 아주 조금씩 내려놓고, 제 얼굴에 달린 가면을 계속 벗기 시작했습니다.

나를 아프게 했던 엄마에게

저는 허리 수술 후 친정집에서 회복기간을 보냈습니다. 엄마가 해주는 밥을 먹으며 아빠가 청소해 주는 집에서 2개월 정도를 살았습니다. 마음이 편하지는 않았습니다. 제 집에 돌아가고 싶은데 몸뚱이가 말을 듣지 않으니 별수 있나요. 친정에 있어야죠.

어느 딸이나 다 그렇겠지만 저도 엄마에게 말하지 못하는 속내가 참 많은 사람이었습니다. 제가 달리 애정결핍이 아니겠지요. 예전에는 엄마에게 절대로 속마음을 말할 수 없다고 생각했는데 어느 정도 가면이 벗어지니 말하려면 할 수도 있겠더라고요. 그래서 엄마랑 꼼짝없이 한집에 사는 동안 과거 이야기가 나올 때면 자연스럽게 속내를 조금씩 얘기했습니다. 엄마가 나에게 어떻게 했고 그때 나는 무엇을 느꼈는지를요. 물론 엄마는 기억을 못 하는 게 대부분이었죠.

사실은 제가 10년 전에도 엄마에게 그동안 상처받은 제 속마음을 A4용지 4장으로 써서 드린 적이 있는데 그때 들었던 말은 "나는 너에게 최선을 다했어. 도대체 하고 싶은 말이 뭐야?"였어요. 하고 싶은 말을 4장이나 써서 드렸는데 제 눈 한 번 마주치지 않고 등을 보인 채 일만 하면서, 하고 싶은 말이 뭐냐고 묻다니…. 저는 그때 역시나 깨질 수 없는 사람을 건드렸구나 싶어 '내가 다시는 말하지 않는다. 내가 무엇을 바라고 속마음을 말해서 상처 난 데 소금을 뿌렸을까' 생각했어요.

그런데 이번에는 달랐어요. 엄마의 프라이버시를 위해 자세히 나열할 수는 없지만, 제가 어린 시절에 충격을 받았던 두세 가지 사건을 말했어요. 겉으로는 아무렇지 않은 척 말했지만 속으로는 얼마나 떨었는지 몰라요. 처음 꺼내는 이야기였죠.

원래 저희 엄마 캐릭터라면 제 말을 들어주기보다 제 기억이 잘못됐다고 하거나, 제가 예민해서 그렇게 생각한 거라며 받아치고 안 받아줘야 하거든요. 그런데 웬일인지 엄마가 아무 말도 하지 않고 한참을 듣고 있더라고요. 한참 적막이 흐른 후에 엄마가 말했어요.

"그러니 네가 얼마나 힘들었겠니."

눈물을 가득 머금은 것 같은 떨리는 목소리였어요. 그 말 한마디를 듣는 순간 가슴에 맺힌 것들이 다 내려가는 것 같았어요.

저는 그 한마디가 듣고 싶어서 30대 중반까지 이렇게 뺑뺑 돌아온 걸까요. 그 순간에 느꼈던 감정은 어떤 단어로도 표현할 수가 없어요. 그 강한 사람이 저렇게 말하는 걸 보니 마음이 아프기도 하고 시원섭섭하기도 하고, 엄마에게 내 존재가 그대로 받아들여진다는 게 이런 느낌인가 싶으면서 아주 만감이 교차했어요. 물론 겉으로 전혀 티를 안 냈죠. 저는 무덤덤하게 대답했어요.

"엄마도 너무 힘들었으니 그랬겠지."

그리고 서로 아무 말도 하지 않았어요.

엄마의 미숙함을 이해한다는 것

믿으실지 모르겠지만 저는 자면서 꿈을 꿀 때마다 매번 엄마가 꿈에 나와요. 정말 미친 게 아닌가 싶을 만큼 한 번도 빠짐없이 어떻게든 그분이 등장을 합니다. 그런데 제가 가면을 벗을수록, 병에서 치료가 되어갈수록 꿈에 등장하는 엄마의 역할이 점점 바뀌더라고요. 무섭고 깐깐하고 통제적이고 강압적인 사람에서 나를 도와주고 어려울 때 함께 있어주고 일하지 않고 편안하게 누워 있는 엄마로 바뀌더라고요. 꿈은 무의식이잖아요. 그게 치료되면 진짜 낫는 거잖아요. 아프면서 하루하루 아주 조금씩 달라지는 제 자신을 보는 것도 참 묘미가 있었어요.

죽어도 엄마에게는 내 마음을 말 못한다고 했던 제가 이렇게 가면을 벗었어요. 엄마 앞에서 가면을 벗을 수 있으면 다른 사람은 문제도 아닌 것 같았어요. 저에게는 그 양반이 가장 큰 산이었거든요.

엄마는 참 유능하고 바쁜 슈퍼우먼이었고, 두 번의 암 투병을 했던 아픈 여자였고, 감정이 섬세하고 예민해서 관계가 민감한 사람이었어요. 그래서 본인의 인생만으로도 충분히 벅찬데 이놈의 셋째 딸이 보통 괴짜가 아니라서 키우기가 여간 어려운 게 아니었겠죠. 그 깔끔하고 완벽하신 분이 저처럼 세상 무서운 줄 모르고 날뛰는 애를 키우는 게 어디 쉬웠겠어요. 게다가 제가 엄마를 닮아서 속은 또 엄청 섬세하고 예민해요. 감수성이 풍부하고 예민한 아이를 키우는 게 진짜 힘든 일이거든요.

제가 이제야 엄마를 이해합니다. 그 여자도 어쩔 수 없었다는 걸, 단 한 순간도 빠짐없이 저를 사랑했고 엄마 말대로 그게 최선이었음을 이제는 다 이해합니다. 그래서 우리 순영 씨 벽에 똥칠할 때까지 살아야 해요. 제가 그 똥 닦으면서 오래 볼 거니까요, 그 여자.

미숙한 나라서 다행이야

⋆

저는 아주 두껍고 단단한 껍데기를 조금씩 벗으면서 알에서 부화하기 시작했습니다. 지금까지 저는 제 자신이 잘나고 멋지고 성숙한 사람인 줄 알았는데 이제 보니 겨우 알에서 나오기 시작한 공룡이더라고요.

왜 공룡이냐면 알껍데기가 제일 두껍잖아요. 저는 사실 자신이 어떤 공룡인지도 모르고 부화한 미숙한 생명체로, 자기 정체성을 형성하지 못하고 그저 사회가 부여한 모습대로 겉보기에만 성숙하게 살았던 거죠.

껍데기를 벗고 보니 저는 정말 미숙했더라고요. 자존감은 낮고 자존심은 세고, 자기 마음도 잘 알아채지 못하고 억압, 방어, 부인을 생활화하며 페르소나 덩어리로 살아가던 사람이라는 것을 그제야 알게 됐어요.

이렇게 미숙하게 살면 굉장히 스트레스를 많이 받아요. 우울증에 걸리기도 쉽고 몸도 자주 아파요. 자신을 억누르면 몸이 소리를 내거든요.

그리고 진실하고 편안한 대인관계가 없으니 겉으로는 밝을지 몰라도 속으로는 계속 고립되고 외로워요. 그럴수록 열등감과 수치심은 더욱 깊어집니다. 소속감이 없을 때 열등감이 더 깊어지거든요. 관계, 일, 정체성, 감정, 어느 것 하나 편안한 것이 없어요.

아무도 없는 방에 혼자 누워서 쉰다고 해도 마음이 편하지 않을 겁니다. 수치심이 있고 미숙한 사람은 나 자신과 있는 게 정말 불편하거든요. 그래서 아마 정신이 쏙 빠지게 무언가를 계속 보거나 게임을 하거나 그래야 할 겁니다. 안절부절못하고 행복하지 못합니다.

우리가 몇 년이나 살다 간다고, 그렇게 살면 안 되잖아요? 인생이 너무 아깝잖아요? 우리가 얼마나 가치 있고 소중한 존재인데요. 그러니 내 안의 미숙함을 어떻게 다루어야 하는지 알아야 해요. 함께 가야 하잖아요. 놓고 갈 수 없잖아요. 미숙한 나도 소중하고 가치 있는 '나'인 걸요.

내 안의 미숙이와 성숙이

제가 가면을 벗고 제 모습 그대로를 보여주며 만났던 친구가 어느 날 저에게 그런 말을 했어요.

"너는 멘탈이 대통령감이야. 나이는 30대인데 한 70~80년을 압축해서 살고 있는 사람 같아. 그런데 있잖아. 네 속에는 11살짜리 아이도 하나 있는 것 같아. 그 아이를 버리지 마. 넌 걔 때문에 사랑스럽거든. 나는 네가 멋진 사람이라서 좋은 게 아니라 미숙한 네가 있어서 좋은 거야."

그 말이 참 듣기가 좋더라고요. 여러분, 우리 안에는 다 '미숙이'가 있어요. 우리가 80살, 90살 되면 성숙해질까요? 아니요. 인간은 죽을 때까지 미숙할걸요. 그럼 언제 성숙해지냐고요? 내 안에 있는 11살짜리 미숙이를 꼭 끌어안고, 그 아이를 수치스러워하지 않으며, 사랑으로 돌볼 수 있으면 그게 성숙함이죠. 그러니까 '성숙이'는요, 자기 안의 미숙이를 버리는 게 아니라 그대로 안아주는 거예요. 우리는 누구나 약하고 강합니다. 누구나 미숙하고 성숙해요. 그런 자신의 모습을 인지하고 조절하며 끌어안고 함께 갈 수 있다면 그게 곧 성숙함입니다.

언젠가 한번은 그 친구랑 장난으로 좀 다퉜는데(예전 같으

면 껍데기가 두꺼워서 누구와 절대로 다투지 않았지만 이제 다투기도 해요)
그 친구가 저에게 그러더라고요.

"너라는 인간은 철딱서니를 돈 주고 살래도 없어!"

그 말을 듣는데 제가 다투다 밀고 소리를 내서 깔깔거리며
웃었어요. 기분이 좋았거든요. 세상에 누가 나를 철딱서니가
없다고 꾸중하겠어요. 이제야 저는 진짜 저를 만나가는 것
같았어요.

철딱서니를 돈 주고 살래도 없는 11살짜리 미숙이가 2부
에서 미숙함의 진수를 보여드리겠습니다. 그 미숙한 나를 어
떻게 다루고 대처해야 하는지 솔루션도 함께 말씀드릴게요.
그리고 3부에서 멘탈이 대통령감인 성숙이가 성숙하다는 것
의 새로운 관점과 방법을 말씀드릴게요. 부족한 나를 감추느
라 인생을 숙제처럼 살아내는 분들에게, 세상의 모든 '미숙
이'와 '성숙이'에게 응원이 되면 좋겠습니다.

가면을 벗으면

비로소 보이는 것들

우리는 문제가 아니라 해석 때문에 고통받는다고 해요. 똑같은 상황이라도 미숙한 마음으로 바라보고 해석하느냐, 성숙한 마음으로 바라보고 해석하느냐에 따라 인생이 달라지죠.

예를 들어 저녁 식사 약속이 있어서 식당으로 가는 길에 내비게이션을 잘못 봐서 도착시간이 훌쩍 늘어나고 시간을 허비하게 됐을 때, 어떤 사람은 "나는 정말 바보 같아. 운전을 몇 년을 했는데 왜 아직도 내비를 이렇게 못 보고 길을 놓치지? 머리가 왜 이렇게 나쁜 거야? 저녁시간이라 차도 막히는데 배고파 죽겠네" 하면서 자책을 하고 자신의 존재 자체까지 흔들어 버려요. 그런데 어떤 사람은 "또 길을 잘못 들었네? 내가 길치는 길치구나. 아, 배고파. 더 막히겠다. 그래도 다음에는 그 식당을 갈 때 절대 이 길로 들어서지는 않겠네. 오늘도 하나 배웠다. 이 길은 아닌 걸로! 배고플수록 더 맛있게 먹으니까 오늘 저녁식사는 더 맛있겠네" 하고 자신의 미숙함과 짜증나는 감정을 외면하지 않으면서 해석을 달리합니다. 배움과 교훈을 남기고 실수를 승화하는 쪽으로 상황을 바라보는 것이죠.

이와 같이 살면서 수도 없이 쏟아지는 스트레스 사건을 어떻게 바라보고 느끼느냐, 어떻게 해석하고 무엇을 남기느냐에 따라서 우리의 인생은 시끄럽고 복잡하고 피곤한 시장터가 되기도 하고, 재밌고 맛있고 신기한 시장터가 되기도 합니다. 미숙한 마음으로 인생을 사느냐, 성숙한 마음으로 인생을 사느냐의 차이지요.

그래서 이제부터는 우리의 마음이 미숙할 때 나타나는 모습들을 이야기하려고 해요. 타인의 눈치를 많이 보는 사람, 가짜 자기로 페르소나를 쓰고 살아가는 사람, 과도한 인정 욕구와 완벽주의에 고통받는 사람, 타인의 애정에 의존하며 집착하는 사람, 주변 사람들이 자꾸 밉고 거슬리는 사람, 쉽게 상처받는 사람에 대해 알기 쉽게 말씀드릴게요.

나도 몰랐던 미숙한 마음 1.
눈치 보기

"나를 싫어하면 어쩌지?"

저는 타인의 시선을 잘 의식하지 않지만 가까운 관계에 있는 사람들의 마음을 살피는 데는 민감합니다. 처음에는 제가 그렇게 눈치 보는 사람인 줄 몰랐어요. 사람들이 저보고 제발 그런 꼴로 밖에 나다니지 말라면서, 이렇게 남의 눈치를 하나도 안 보고 살 수 있냐며 신기하다고 했거든요. 그래서 저는 진짜 마음 편하게 저만의 세상을 사는 줄 알았습니다.

그런데 가까운 사람들에게는 100퍼센트 다 맞춰주면서 눈치만 보는 사람이었던 거예요. '그 사람이 나를 귀찮아하는 것 같아', '그 사람이 나를 재수 없어 할 것 같아'라는 생각이 늘 깔려 있었기 때문에 그렇게 되지 않으려고 무척이나 친절하고 착한 사람으로 살았어요. 그러니 저의 대인관계에는 얼마나 많은 에너지가 들어가야 했을까요? 눈치 보고 산다는 건 정말 피곤하고 지치는 일이거든요. 그러니 깊이 있는 관계를 만들지 않고, 마음을 나누지 않은 채 농담과 인사만 하며 지내는 사람들로 수두룩했죠.

그냥 그런 사람 있잖아요. 자기 얘기는 안 하고 남 얘기만 들어주거나, 자기가 먹고 싶은 것이나 가고 싶은 데는 말하지 않고 그냥 "네가 하고 싶은 걸로 해. 난 상관없어. 나는 네가 좋은 게 좋더라" 이러는 사람이요. 착하잖아요? 그런데 매일 몇 년을 봐도 계속 이러면 상대방은 벽을 느껴요. 난 그저 불편한 사람이 되고 싶지 않아서 편하게 해주려고 배려한 건데 이상하게 상대방은 점점 더 불편해져요. 그래서 착한 사람은 답답하다는 소리를 종종 듣는 거고요.

착한아이 콤플렉스와 구원자 판타지

타인을 잘 배려하고 맞춰주는데 이상하게 상대방은 답답함을 느낍니다. 왜냐하면 과도하게 타인의 입장을 배려하고 생각하는 사람은 (적나라하게 표현하자면) 타인을 생각하는 게 아니라 타인의 눈에 비춰지는 자신을 생각하고 있거든요. 타인에게 '내가' 좋은 사람이 되는 것, 타인에게 '내가' 거부되지 않는 것이 굉장히 중요한 사람입니다.

　타인에게 집중하기보다 자기가 좋은 사람으로 수용되는 것에 더 집중된 상태이기 때문에 타인과 원활한 소통이 어렵습니다. 정말로 상대방이 무엇을 좋아하고, 무엇을 싫어하고, 취미는 뭔지, 그 취미를 어떤 면에서 좋아하는지, 어떤 감정을 느끼는지 등등 상대방 자체에게 관심을 갖기보다는 그에게 피해를 주지 않는 '나', 그에게 좋은 인상을 주는 '나'에게 더 관심이 있어요.

　그러니 처음에는 굉장히 좋은 인상을 남기고 배려심 있고 착한 사람이라고 느끼게 하지만 시간이 지날수록 마음이 통하지는 않는다는 느낌을 줍니다. 더 친밀해지는 단계로 나아가야 함에도 벽이 느껴지고 진심을 잘 모르겠는 그런 느낌이요. 이게 바로 눈치 보는 사람들이 주는 느낌입니다.

　눈치를 많이 보는데 이상하게 눈치가 없습니다. 진짜 타인을 배려하는 마음 때문이 아니라 타인의 눈에 비친 나를 위해 눈치를 본 것이기 때문에 사실은 내가 인정받는 것, 내가 수용되는 것, 내가 사랑받는 것에 관심이 있지 타인에게는 큰 관심이 없으니까요. 그래서 '그 사람은 이걸 해주면 좋아하겠지?'라고 생각하고 친절을 베풀지만 못 맞힐 때가 많아요.

친밀하고 진실하게 자기를 온전히 드러내놓고 상호작용한 경험이 별로 없기 때문에 내 입장에서만 타인을 이해합니다. 진정으로 타인의 마음과 세상 속으로 들어가 본 적이 거의 없습니다. 어쩌면 단 한 번도 없을지도 모릅니다. 상대방에게 정말 진심어린 관심과 사랑이 있다면 금방 파악할 수 있는 것들인데 그저 눈치만 볼 뿐, 눈치는 없는 것이죠. 그래서 친절은 하지만 썩 매력적이지는 않습니다. 눈치 보고 전전긍긍하니까.

저는 학창시절에 친구들을 만나는 게 너무너무 힘들었어요. 만나면 정말 재밌게 노는데 집에 돌아오면 진이 다 빠져서는 다시는 나가고 싶지 않은 그런 마음이 들었죠. 그래서 저는 평생 제가 내향인인 줄 알았어요.

저는 잘 맞춰주고 웃긴 친구였기 때문에 인기가 많았어요. 저에게 매일 전화해서 한 시간씩 통화하는 친구도 있었는데 그 친구의 전화를 받는 그 한 시간이 너무 힘들었어요. 그러다가 일부러 받지 않는 때가 늘어났죠. 또 다른 친구는 아무 때나 집에 찾아와 초인종을 누르며 저를 부르곤 했는데 그때도 집에 없는 척했어요. 어쩌다가 친구를 피하지 못하고 놀게 되면 세상 친절하고 재밌고 착한 사람이었고요.

저는 그 모든 순간을 한 번도 거절하지 못했어요. "나는 사실 너희와 노는 게 너무 피곤하고 힘들어. 집에 혼자 있고 싶고, 난 그냥 멍 때리고 좀 쉬고 싶어"라고 단 한 번도 제 속마음을 표현하지 못했어요. 그러다가 스트레스가 극에 달해서 견딜 수 없어지면 심하게 집착하는 친구에게는 손절하자는 편지를 전해주고 일방적으로 관계를 끝내고는 했어요.

이거 착한 거 맞아요? 그냥 눈치 보는 미숙이에요. 겉으로는 착하고 전혀 티 나지 않지만 대인관계 그 자체가 스트레스인 사람이죠. 자기표현을 못 하고 좋은 모습만 보이는 '착한아이 콤플렉스' 또는 사람들의 요청을 거절하지 못하고 내가 도와주어야만 하는, 상대방에게 나의 도움이 꼭 필요하다고 느끼는 '구원자 판타지'를 가진 것일 수도 있어요.

투명한 벽을 쌓는 이유

성숙한 사람은 친구를 만나면서 100퍼센트 맞춰주는 게 아니라 내가 원하는 것도 말하고, 할 말은 하고, 거절도 해요. 싸우더라도 그러면서 관계를 쌓아가는 게 친구잖아요.

그렇다고 혼자 살면 그건 또 행복하고 편할까요? 그렇게 대인관계를 회피하면 그때 잠깐 편할 뿐이지 사실은 속에 더 큰 문제를 키우고 있는 거예요. 회피하는 사람들은 투명한 벽에 갇힌 사람 같아요. 투명해서 문제없이 잘 소통하고 관계 맺는 것처럼 보이지만 가까이 다가서면 벽에 부딪혀 튕겨 나가게 만들죠. 마음을 연 것처럼 보이지만 사실은 자기만의 벽 속에서 살아가요. 속으로는 타인에 대한 적대감과 긴장감으로 자신을 과도하게 방어하고 있어요. 근데 겉으로는 무척 쿨하고 독립적인 사람처럼 보여요.

그런 자신의 모습에 만족한다면 문제가 없을 텐데, 사실 마음 깊이 들어가 보면 자기가 그러고 사는 걸 싫어해요. 대놓고 인정하기 쉽지 않겠지만요. 상대방에게 철벽 치고 안도하면서도 돌아서서 씁쓸한 양가감정을 느끼거든요. 합리화하려고 이런저런 핑계를 대도 결국 저 마음 깊숙한 곳에서는 자기가 너무 마음에 안 들죠. 사실은 좋은 관계를 맺고 싶은데 타인에게 있는 그대로 수용될 자신이 없는 거니까요.

수치심까지 끌어안는 솔직함이 필요하다

＊

저는 그렇게 깊이 있는 관계를 맺지 않고 회피만 하면서 살아가다가 심리학을 공부하고 상담도 받으면서 조금씩 삶의 태도를 바꾸기 시작했어요. 제가 공부하고 경험한 것들을 바탕으로 과도하게 다른 사람의 눈치를 보지 않는 4가지 방법을 알려드릴게요.

눈치 보는 미숙이를 위한 처방 1.
솔직하게 물어보기

제가 누군가와 가까워지면 그 사람이 저를 귀찮아하고 속으로 욕할까 봐 늘 눈치를 봤잖아요? 그런데 이제는 그렇게 맞춰주기만 하는 게 아니라 이따금씩 관계가 걱정이 될 때 상대방에게 솔직하게 물어봤어요.

"혹시 내가 귀찮아요?"

"내가 방해했나요?"

"내가 너무 쓸데없이 전화하나요?"

"내가 부담스러워요?"

"나 너무 말이 많아요?"

"제가 방금 너무 예의 없이 말했어요?"

그동안 진실하게 소통하지 못했던 저는 사회성이 떨어지는 사람이었기에 '에라 모르겠다' 그냥 대놓고 물어보기 시작했습니다. 혼자 판단하고 결정해서 독단적으로 선 긋고 멀어지는 게 아니라 솔직한 마음을 물어보는 것이죠. "제가 원래 좀 눈치를 보고 사회성이 떨어져서 물어보는 것뿐이지 다른 의도는 없어요" 하고 먼저 밝힌 다음에요.

사실 대부분은 타인에게 관심이 많지 않기 때문에 내가 어떤 사람인지 타인에게는 별로 중요하지 않거든요. 그냥 만나고 사는 거죠. 나만 내 이미지가 중요해서 혼자 눈치 보고 전전긍긍하는 경우가 많아요. 상대방은 정작 아무 생각이 없는데 말이죠.

나를 싫어하지 않는다는 근거 찾기

물론 '저렇게 대놓고 물어보는데 싫어도 누가 싫다고 대답할 수 있을까?' 생각할 수 있어요. 맞아요. 저도 긍정적인 대답을 들어도 늘 의심했죠. 대답만 잘해주는 거지, 속은 알 수 없다고요. 그럴 때는 근거를 찾아야 합니다.

자존감이 낮고 눈치를 보는 사람은 상대방이 나에게 부정적인 시선을 갖는 것에 매우 민감하기 때문에 나를 싫어하고 있다는 증거를 계속 찾아요. '나는 사랑스럽지 않아', '나는 수용될 수 없어', '나는 내 존재만으로는 충분하지 않아'라는 역기능적인 신념이 아주 굳게 깔려 있기 때문에 그런 도식을 가지고 사람과 세상을 바라봅니다.

사람은 '자기 충족적 예언'에 의해서 자기의 신념이 맞다는 것을 계속 증명하려고 해요. 그래서 타인에게 나는 사랑스럽지 않고, 수용될 수 없고, 존재만으로 충분하지 않다는 증거와 단서를 아주 민감하게 찾아냅니다. 상대방이 나에게 10가지 호감을 표현했어도 한 가지 무관심이나 부정적 반응을 보였다면 그 하나에 몰두해서 자신의 역기능적 신념에 대한 믿음을 굳건하게 다지죠. 이런 인지 오류를 '정신적 여과'

라고 해요. 자기가 취하고 싶은 것만 취하고 나머지는 여과시키는, 즉 걸러내는 것이죠.

그래서 눈치 보는 사람들은 상대방이 나를 좋아하고 수용하고 가치 있게 여기고 있다는 근거도 의도적으로 찾아야 합니다. 나의 역기능적 신념에 반대되는 증거들을 똑같이 수집해야 해요. "너를 싫어하지 않아"라는 말을 들어도 믿음이 가지 않을 때는 그 사람이 나에게 호의적이었던 기억들을 더듬어 찾아보세요. 저는 지난 카카오톡 대화들을 다시 보기도 하고 함께 찍었던 사진들을 보기도 해요. 원래 무심하고 차가운 사람일 수도 있으니 다른 사람에게는 어떻게 대하는지 보기도 하고요. 또 내가 싫어서가 아니라 그날 그 사람에게 매우 힘든 일이 있어서 예민해져 있는 거라고 생각하기도 해요. 좋았던 순간들을 내 맘대로 여과하고 부정적 반응만 크게 부풀려 생각하고 있는 것은 아닌지 인지 오류들을 의식적으로 체크하는 거예요.

그리고 내가 싫지 않다는데, 웬만하면 그냥 좀 믿어주세요. 우리 믿음을 좀 키워봅시다. 사실 여부를 떠나서 나에게 도움이 되는 쪽으로 생각해야죠. 그렇게 조금씩 자기 자신이 상대방에게 그대로 수용되는 존재라는 것을 알아가기 시작하면 눈치를 덜 보게 돼요.

미움받을 용기

그런데 실제로 그 사람이 나를 싫어할 수도 있잖아요? 나를 부담스러워하고 귀찮아하는 것일 수도 있잖아요? 그럴 때는 어떻게 할까요?

모두가 좋아하기만 하는 사람은 없어요. 별도 따다 주고 싶을 만큼 사랑해서 결혼해 놓고도 원수로 변하는 게 인간이거늘, 어떻게 마음이 한결같기만 하겠어요. 그리고 내가 무슨 신도 아닌데, 심지어 예수님이나 부처님도 미움받고 욕먹는 마당에 나는 왜 남들에게 욕먹으면 안 되나요? 그러는 나는 모든 사람을 사랑하나요? 나는 모두를 사랑하지 못하면서 왜 나는 모두에게 좋은 사람으로 수용되어야 하나요?

오늘 내가 욕을 먹어도 내일은 칭찬받을 수 있고, 서쪽에서 미움을 받아도 동쪽에서 사랑받을 수 있는 게 사람이에요. 모두에게 좋은 사람이 될 수는 없지만 몇몇에게는 좋은 사람이 될 수 있겠죠. 그저 그렇게 사는 거예요. 미움도 받고 사랑도 받으면서요. 나도 남에게 그렇듯이 말이에요. 그러니 눈치는 적당히 보자고요. 더불어 사는 세상이기 때문에 어느 정도 눈치는 보는 게 맞아요. 그런데 '적당히' 봐야죠. 자기 자신에게 과도한 스트레스나 병이 되지 않을 만큼만요. 자신을 배려하면서 타인을 배려하는 거예요.

저는 그렇게 학창시절에 하지 못했던 자기표현들을 나이 30이 넘어서야 하기 시작했어요. "내가 좀 미숙해서 그래. 이상한 질문을 해도 좀 귀엽게 봐줘" 하면서 그냥 드러냈어요. 그랬더니 점점 사람이 두렵지 않아졌어요. 어른이고 아이고, 남자고 여자고 더 이상 관계가 피곤하지 않더라고요. 그리고 제가 솔직하게 대할 때 상대방도 이전보다 저를 편하게 생각하고 좋아하더라고요. 그때부터 착하기만 한 사람이 아니라 매력적인 사람이 되기 시작한 거죠.

나 자신에게 먼저 솔직하고, 그것을 수치스럽게 여기지 않고, 나의 미숙함을 인정한 채 타인에게 양해를 구하며 진솔하게 마음을 이야기하는 것. 상대방의 말과 행동의 의도를 의심하지 않고 웬만하면 좀 믿어주고, 나를 좋아하고 있다는 근거를 찾고 거기에 집중하는 것. 그리고 미움을 받아도 상관없다는 용기를 갖는 것. 그렇게 할 때 눈치 보느라 지치고 피곤한 미숙이에서 진솔하고 편안한데 살짝 귀여운 미숙으로 변해갈 수 있습니다.

눈치 보는 미숙이를 위한 처방

1. 솔직하게 물어보기

상대방이 왠지 속으로 나를 불편해하는 것 같아서 관계가 걱정
된다면 자신을 어떻게 생각하는지 솔직하게 물어보세요. 대부
분의 경우 상대방은 나를 거의 의식하지 않고 있었다는 사실을
알게 될 거예요.

2. 나를 싫어하지 않는다는 근거 찾기

상대방이 나에게 호의적이었던 기억들을 떠올려보세요. 좋은
반응들은 걸러내 버리고 부정적 반응만 보고 있는 것은 아닌지
인지 오류들을 체크하는 거예요. 내 존재만으로 수용될 수 없다
는 역기능적 신념을 버리는 연습입니다.

3. 미움받을 용기

내가 누군가를 미워하는 것처럼 나도 누군가에게 미움받을 수
있습니다. 모두에게 좋은 사람일 수 없고, 그럴 필요도 없어요.
사랑도 받고 미움도 받는 게 삶이라는 사실을 받아들이면 과도
한 스트레스를 피할 수 있어요.

나도 몰랐던 미숙한 마음 2.
가짜 자기

"내가 뭘 좋아하는지 모르겠어"

∗

　제가 아는 9살짜리 여자아이는 동생에게 양보도 잘하고 착하고 부모님 말씀을 엄청 잘 들어요. 같이 문구점에 가면 엄마가 사라는 것만 사고, 사지 말라는 것은 한 번 투정을 부려보지도 않고 내려놓더라고요. 그렇게 사온 것을 엄마가 동생에게 빌려주라고 하니까 "응, 엄마" 하면서 아무런 불편한 기색 없이 빌려주고요. 제가 볼 때 그건 결코 당연하지 않거든요. 그 마음이 편안하고 가벼울 리가 없거든요. 그런데 아니나 다를까, 그 아이가 엄마 없는 자리에서 저에게 이렇게 말하더라고요.

　"저는 동생에게 빌려주기 싫었어요. 그리고 아까 문구점에서 다른 물건을 사고 싶었어요."

　"그랬어? 그럼 왜 그걸 샀어? 동생에게는 왜 빌려줬고?"

"그래야 엄마가 저를 예뻐하거든요."

"그렇게 하지 않으면?"

"엄마 말을 안 들으면 저를 미워해요."

사랑받기 위해 만들어진 가짜 자기

'가짜 자기'는 부모가 원하는 모습으로 만들어진 거짓 자아(false self)를 뜻합니다. 앞에서 살펴본 '눈치 보는 나'와 비슷하지만 조금 다른 개념입니다. 아이는 본능적으로 자신의 양육자에게 사랑을 받으려고 해요. 우리는 보통 부모는 무조건 아이를 사랑하고 아이는 부모를 사랑하지 않을 수도 있다고 생각하지만, 사실은 그 반대예요. 부모는 아이를 사랑하는 것이 필수적이지 않지만 아이는 부모를 사랑하는 것이 생존과 연결되기 때문에 선택의 여지가 없어요. 부모의 사랑으로 먹고 자고 안전을 보장받고 뇌가 발달하기 때문에 본능적으로 사랑을 구합니다. 그래서 아이는 부모의 사랑을 얻기 위해 부모가 원하는 모습으로 살아가려고 애를 씁니다(또는 그 반대로 부정적 자극이라도 얻고 싶어서 엇나가기도 해요. 하지만 그건 이 글의 주제가 아니니까 다루지 않을게요).

그런데 부모가 아이를 존재 자체로, 있는 그대로 수용해 주지 않고 조건적으로만 사랑을 주면 아이는 부모가 원하는 조건에 맞추기 위해 가짜 자기를 가질 수 있어요. 또 아이의 자율성을 억압하고 부모의 주관적인 틀에 맞춰서 과도하게 통제하며 잔소리를 하거나, 아이를 무관심하게 방치하는 경우에도 가짜 자기를 갖게 됩니다.

실제로 앞에서 소개한 여자아이의 엄마는 딸에게 많은 것을 요구하고 지시했으며 화도 잘 냈습니다. 감정적으로 대했고요. 잘한 것은 딱히 칭찬하지 않으면서 못한 것이나 자기 마음에 들지 않는 모습은 바로 지적했어요. 그 밑에서 크는 아이는 엄마에게 사랑을 받고 살아남아야 하는 생존본능에 의해 가짜 자기를 만들 수밖에 없었죠.

부모 사이에 끼어버린 존재

물론 그 엄마도 다 사정이 있어요. 일단 부부 사이가 굉장히 좋지 않았고 본인의 자존감이 무척 낮았습니다. 부부 사이가 안 좋은 게 아이의 가짜 자기랑 무슨 상관이 있을까요?

부부가 자주 싸우거나 서로 건강한 교류와 친밀감 없이 정서적인 이혼 상태에 있는 경우 자녀는 부모 사이에 끼입니다. 부부가 둘 사이로는 안정되지 않아서 자연스럽게 둘 사이에 무엇을 끼우는 경우를 가족치료 이론에서는 '삼각관계'라고 해요. 삼각관계로 끼우는 것 중에는 텔레비전, 스마트폰, 반려동물, 과도한 업무, 과도한 취미생활, 심지어 내연관계도 있어요. 그런데 그중에서 가장 많이 끼이는 삼각관계가 바로 자녀입니다.

보통은 아빠보다 엄마가 자녀와 더 친근하기 때문에 부부 사이가 안 좋을 경우 엄마가 자녀를 자기편으로 끌어들이는 경우가 많습니다(물론 아빠가 그러는 경우도 있어요). 자녀는 서로를 증오하고 공격하는 부모 사이에서 감정 쓰레기통이 되거나, 방패막이가 되거나, 부모의 보호자 노릇을 하게 됩니다.

이 아이들은 감정을 잘 느끼지 않아요. 가장 사랑하는 엄마와 아빠가 서로를 증오하며 그 감정을 쏟아놓기 때문에 자신의 감정을 차단해야만 살아남을 수 있는 거예요. 느끼기 시작하면 견딜 수 없거든요. 감정을 차단하고 굉장히 이성적으로만 상황을 보면서 점점 더 무뚝뚝하고 차가운 사람이 되어 갑니다. 인정과 사랑을 받아야 하니까 기능적으로는 문제가 없지만 속에 상당히 많은 것이 억압되어 있어요.

그래서 감정을 드러내야 하는 순간이 오면 감정을 느끼고 표현하는 게 아니라 이성적으로 설명합니다. 슬프면 울고 놀라면 소리를 질러야 하는데 그런 게 없죠. 늘 똑같은 모습입니다. 사람들은 "너는 참 감정 기복이 없고 늘 한결같네"라고 하지만 동시에 뭔가 친근감이나 편안함을 느끼기 어렵다는 걸 이내 알게 됩니다. 감정을 표현하지 않으면 친밀해지기 어렵거든요. 이들은 감정을 타인에게만 감추는 게 아니라 자기 자신에게도 차단하기 때문에 스스로도 편안하지 않고 자기 마음을 잘 모릅니다.

부부의 삼각관계 안에 끼인 아이는 성인이 되어도 그 삼각관계에서 빠져나오기가 아주 힘들어집니다. 부모를 보호하고 위로해야 하는 역할에서 빠져나온다는 건 스스로 불효자식이 되는 거고 비인간적이며 부모를 배신하는 일이라고 인식하거든요. 결혼해서 가정을 꾸려도 부모에게 질질 끌려다니는 사람은 보통 삼각관계에 껴 있을 확률이 높습니다. 분화가 안 된 것이죠.

그렇게 부모가 원하는 자아로 그들을 만족시키면서 사는 착한 자녀가 됩니다. 부모에게 짐이 되어서는 안 되고, 부모를 절대로 실망시켜서는 안 돼요. 부모를 슬프게 만들어도 안 돼요. 그래서 부모가 원하는 가짜 자기로 살아가요. 그리고 커서도 그런 식의 관계 패턴을 가지고 사람을 대하고 세상을 살아갑니다.

그런데 부모가 원하는 모습이 진짜 내 자아는 아니거든요. 왜냐하면 너무나 당연한 말이지만 부모는 내가 아니니까요. 그런데 가짜 자기들은 이것을 잘 구분하지 못합니다. 어려서부터 부모의 꼭두각시놀이를 해왔기 때문에 가짜를 진짜라고 생각하며 그 둘을 구분하지 못하죠. 그래서 자기의 감정이 무엇인지, 취향이 무엇인지, 욕구는 무엇인지, 꿈은 무엇인지 잘 생각하지 못합니다. 그야말로 진짜 나를 잃어가는 거예요.

반성, 후회, 채찍질을 반복하다

그러다가 성인이 되면 만족시키려는 대상이 확대될 수 있어요. 애인, 친구, 배우자, 직장상사가 원하는 사람으로 살아가게 됩니다. 존재 자체로 수용된 경험이 많지 않아서 자존감이 낮기 때문에 껍데기를 벗은 '진짜 자기', 즉 '참 자기(true self)'로는 사랑받을 자신이 없는 거예요.

이런 사람들은 타인의 요구에 거절을 못 해요. 실망시킬 수가 없어요. 혹시나 누가 나 때문에 기분 나쁘거나 상처를 받았다? 그러면 난리 나요. 못 견뎌요. 있을 수 없는 일이죠. 그리고 맡겨진 모든 일은 다 잘해야 해요. 누구에게나 좋은 사람이 되어야 하고, 이미 평판이 좋을 거예요. 그런데 그렇게 빡세게 사는데도 자신에게 만족하지 못하고 계속 반성, 후회, 채찍질을 합니다. 이런 삶의 주인공은 누구죠? 타인이죠. 본인이 아닙니다. 본인이 삶의 주체가 되지 못하고 남에게만 끌려 다니는 삶이에요.

제가 유튜브에 올린 가짜 자기에 관한 영상을 보고 구독자분들이 이런 댓글들을 달아주셨어요.

"어릴 때부터 내 나이 40세까지 뭘 원하는지, 뭘 하고 싶은지 생각해 보지 않고 시키는 것만 착실히 해왔네요. 어느 순간 대인기피증도 오고 사회불안증이 높아져서 지금까지 계속 고생하고 있어요."

"남들이 저한테 조금이라도 실망할까 봐 항상 잘하려고 하면서 타인 중심의 삶을 사는 것이 피곤하지만, 이미 그게 제 인생이 되어버린 느낌이에요. 벗어나고 싶지만 벗어나지 못할 것 같아요. 내 위주로 살아야지, 하면서도 또 주위 사람들이 고마워하고 칭찬해 주면 또 그들 위주로 살게 돼요."

"사기주장을 하고 싶어도 눈치 보이고 다른 사람에게 상처 주는 것이 싫어서 내가 손해 봐도 상관없다는 생각으로 살아왔는데 다 가짜였네요. 거절하는 것도 너무 힘들어요. 이게 다 착한 건줄 알았는데 호구 같은 행동이었네요. 저만 힘들고 남들은 편하고… 어쩐지 절 이용하더라고요."

"나 때문에 상처받으면 안절부절못하고 거절도 못하고 눈치보고, 부탁도 다 들어주고, 내 인생의 주인공은 항상 '나' 자신이 아닌 '남'이에요. 오죽하면 친구들과 놀 때마저도요. 내 꿈(직업)마저도 부모님이 정해줬어요. 부모님께서 원하는 직업을 갖기 위해서 그 직업에 맞는 학과로 입학했고요…."

가짜 자기로 살면 내 삶에서 소외감을 느끼게 돼요. 점점 더 외로워지고요. 많은 분이 공감할 거라 생각합니다.

아무렇지 않은 척하는 이유, 수치심

제가 아는 한 친구는 정말 성격도 좋고 일도 잘해요. 누가 봐도 데려가서 일하고 싶은 탐나는 인재예요. 그 친구는 늘 상냥하고 친절하고 겸손하고 밝아요. 어른들 앞에서도 능글맞게 농담을 하고 긴장하는 티도 하나도 안 나요. 무엇을 시키면 더 판을 키워서 더 많은 것을 열성을 다해 하는 사람이니 어디서나 예쁨을 받죠.

그런데 그 친구는 저에게 자주 자신의 속마음을 털어놓고는 해요. 아무도 모를 거예요. 그 친구가 어떤 마음으로 사람을 대하고 그 일을 하는지 말이에요.

"난 그 사람이랑 일하기 정말 싫어. 정말 답답해. 물론 나는 웃으면서 환호해 주지. 그렇게라도 맞춰야지 어떻게 해. 싸우자는 것도 아니고. 난 솔직히 그 사람 없이 혼자 해도 충분히 하는데."

"그래. 네가 정말 답답하고 힘들었겠다. 그럼 너의 의견도 제시해 보는 건 어때? 꼭 그 사람의 의견대로만 일을 진행할 필요는 없는 거잖아."

"신나서 자기 의견을 말하고 추진하는데 거기다가 어떻게 반대를 해. 일단 좋아하는 척을 해야지. 뒷수습은 다 내가 해야 하는데, 정말 짜증나. 나는 언젠간 그 사람에게 그동안 하고 싶었던 말을 다 하고 손절할 거야."

"엥? 지금 그렇게 웃으면서 사이좋게 잘 지내는데 속마음은 그게 아니었어? 그냥 힘든 점들을 조금씩 표현하면 되지, 꼭 손절까지 하고 싶어?"

"나는 싫은 소리를 하면 다시는 그 사람을 볼 수 없어. 그래서 인연을 끊을 때만 내 속마음을 말할 수 있어."

"그래가지고 힘들어서 어떻게 살아?"

"내가 생각해 봤는데 나는 좀 많이 착한 것 같아. 이건 다 내가 착해서 그래."

"…응?"

이 친구 정말 연기 잘해요. 겉으로는 정말 신나서 일하는 것 같고, 정말 상대방에게 호감이 있어서 그렇게 웃고 노는 것처럼 보이거든요. 그런데 속으로는 엄청 스트레스를 받고 있어요. 겸손한 듯 상대방을 높여주지만 속으로는 매우 한심하게 생각하고요. 저한테라도 가끔 진짜 마음을 털어놔서 참 다행이지, 안 그랬으면 언젠가 그 친구는 풍선 터지듯이 빵 터져버렸을 거예요.

그렇게 아무렇지 않은 척 연기를 하면서 자기 속을 꾹꾹 눌러 담기까지 얼마나 고생이 많았을까요? 얼마나 단련되어 있으면 저렇게 여우주연상급으로 연기를 잘하게 되었을까요? 그렇게 되기까지 속이 얼마나 타들어 가고 몸은 얼마나 아팠을까요? 속에 눌러 담는 사람은 몸이 아프거든요. 특히

위장이랑 어깨가요. 아니나 다를까, 그 친구는 만성 위염을 앓고 있답니다.

우리는 존재 자체로 수용되지 못하면 수치심을 느껴요. 수치심은 인간 근본에 대한 상처거든요. 굉장히 고통스럽습니다. 수치스러우면 어떻게 하죠? 숨잖아요. 나만의 가면 뒤로 숨는 거예요. 페르소나 뒤로 꽁꽁 숨어서 수치스러운 내 진짜 모습은 나조차도 잊어버리는 거예요. 참 자기로는 사랑받지 못했으니까요.

물론 수치심은 어느 정도 필요하고 가면도 쓰고 살아야 해요. 가면은 곧 '역할'이니까요. 학교에서는 학생 역할, 집에서는 자녀 또는 부모 역할, 직장에서는 직원 역할, 가게에서는 손님 역할을 하죠.

그런데 역할이라는 건 그때그때 상황과 필요에 따라 바뀌잖아요. 가면이라는 것도 상황과 필요에 따라 썼다, 벗었다 할 수 있어야 해요. 집에 혼자 있으면 벗어야 하고요. 언제나 어디서나 가면을 쓴 채로 살아갈 수는 없어요. 가면을 벗지 못하면 내 진짜 얼굴은 숨을 못 쉬고, 그렇게 병이 들겠죠. 어떻게 생겼었는지도 잊어버리고 가면을 쓰고 있는지조차 모른 채 말이에요.

무기력의 끝판왕

삼각관계에 끼어 있는 자녀나 심하게 통제적이고 엄한 부모 밑에서 자란 자녀는 장래희망을 부모가 정해준 것으로 결정하는 경우가 많아요. 상담하다 보면 자주 보입니다. 제가 언젠가 상담을 하면서 한 아이에게 물었어요.

"넌 꿈이 뭐야?"

"교사요."

"오, 가르치는 걸 좋아하나 봐?"

"글쎄요. 엄마가 그게 좋겠대요. 제가 잘할 수 있는 일이고 안정적이래요."

"음, 네 생각은 어떤데? 너도 그게 좋으니?"

"네. 저도 좋아요."

그런데 이상하게 제 눈에는 하나도 안 좋아 보이는 거 있죠. 좋다는 사람의 표정치고는 너무 영혼이 없었거든요. 그 아이는 자기가 진짜 교사가 되고 싶다고 믿는 것 같았어요. 저에게 거짓말한 건 아니죠. 애초에 진짜와 가짜를 구분하지 못하고, 교사라는 꿈이 내 속에서 나온 건지 부모가 부여한 것인지도 구분하지 못할 테니까요.

그래서 교사라는 꿈이 딱히 불편하지는 않지만 가슴이 뛰지도 않을 거예요. 이상하게 인생이 즐겁지 않고 활력이 없고 무기력할 겁니다. 내 뜻대로 가는 게 아니라 남에게 끌려가는 인생은 굉장히 무기력하거든요. 그리고 그 속에 감춰진 진짜 감정은 분노일 거예요. 부모가 아닌 엄한 데서 이따금씩 폭발적으로 짜증이 나고 화가 날 수 있어요.

또 다른 친구는 자신의 의지와 상관없이 엄마가 설계한 미래를 살아가고 있는 데에 그저 감사해야만 했어요. '남들은 취업난에 고생하는데 나는 졸업만 하면 엄마가 운영하는 회사에 들어가고 미래에 대한 불안함 없이 살아갈 수 있으니 참 감사한 거지'라는 마음이었죠. 제가 봤을 때는 그런 생각조차 부모로부터 주입된 것으로 보였고, 그런 긍정적인 생각으로 자기를 보호하려는 것 같았어요. 제가 물어봤어요.

"너의 인생을 끌고가는 게 무엇이니?"

"음…, 시간이요."

"시간? 그럼 그 시간은 누가 너에게 부여했지?"

"음…, 엄마요."

저는 이 대답을 들었을 때 정말 가슴으로 울었어요. 가짜 자기의 명언이라고 생각해요. 그 친구는 이따금씩 폭발적으로 분노를 터뜨렸고 그럴 때마다 죽고 싶다고 생각했어요. 자기 표출을 못 하고 살았기 때문에 속에 분노가 차곡차곡

쌓였고 문제가 생기면 해결하는 게 아니라 포기, 회피를 택하는 무기력의 끝판왕이었죠. 그 친구랑 대화를 해보면 엄청 자기비판이 심했어요. 자기는 너무나 게으르고 한심하다는데 하루 일과를 들어보면 그렇지도 않았거든요. 차곡차곡 쌓인 분노가 자신에게로 향해 있는 것 같았어요.

진짜 나와 마주하는 최적의 타이밍

가면을 벗는 시간이 늦어질수록 벗을 때 고통스럽습니다. 50대, 60대쯤 돼서 벗으려고 하면 가면이 내 피부에 밀착되어 버려서 상처 나고 피가 나겠죠. 그래서 사춘기가 중요해요.

보통 아동기 때는 부모가 원하는 자아로 삽니다. 그러다 사춘기부터 가면을 벗어요. 그래서 부모들이 "선생님, 애가 어릴 때는 진짜 말도 잘 듣고 착했거든요? 그런데 사춘기가 되면서 정말 다른 사람처럼 너무 말을 안 들어요" 이런 얘기를 하면 제가 박수를 쳐드립니다.

"어머니, 정말 축하드려요. 드디어 자녀분이 행복을 찾아가네요. 어머니께서 참 잘 키우셨나 봐요. 아이가 자기 소리를 못 내면 안 되거든요. 자녀는 부모가 아니잖아요. 당연히 내 맘처럼 될 수 없으니 말을 안 듣겠죠. 지금까지 어머니 말을 잘 들었다면 그 아이는 눌려 살았을지도 몰라요. 이제야 아이가 자율성을 찾기 시작한 것이니 참 축하할 일입니다."

물론 제가 이런 말씀을 드리면 엄마들의 표정은 안 좋아요. 듣고 싶은 대답이 아니거든요. 그만큼 아이의 자율성이 부모에게 불안감과 불편감을 준다는 거예요.

저는 지금도 주변에 말 잘 듣고 착한 애들을 보면 그렇게 안쓰러울 수가 없어요. 노래하라면 노래하고, 양보하라면 양보하고, 조용하라면 조용하고, 울지 말라면 안 울고. 세상에나, 그게 말이 됩니까? 아이는 꼭두각시가 아닌데 말이죠. 아이의 안에는 어떤 마음이 있을까요? 그 순응적인 가면을 언제쯤 벗을 수 있을까요?

남 대신 나를 만족시키는 연습

＊

주어진 역할대로만 살고 있다면, 지금이라도 가면을 벗어
야 해요. 진짜 자기는 가면 뒤에서 죽어가고 있잖아요. 어떻
게 생겼었는지도 잊어버렸잖아요. 아니, 어쩌면 한 번도 본
적 없을지도 몰라요. 진짜 자기가 얼마나 아름다운지 아세
요? 얼마나 가치 있고 사랑스러운지 아세요? 이제부터는 가
면을 벗고 진짜 나로 숨 쉬는 3가지 방법을 소개할게요.

가면 쓴 미숙이를 위한 처방 1.
하루 10분 내 마음 보기

하루에 딱 10분만 온전히 내 마음에 집중해 보세요. 그 이

상이면 더 좋겠지만 어렵다면 일단 10분만이라도 돌봐주자는 겁니다. 오늘 내 몸 컨디션은 어떻고, 뭐가 먹고 싶고, 뭐를 하고 싶고, 기분은 어떤지, 무엇 때문에 스트레스 받았고, 무엇 때문에 설렜는지, 누군가에게 하고 싶은 말이 있는지 딱 10분만 온전히 나를 위한 생각을 하세요. 그리고 이것저것 따지지 말고 내 편을 들어주세요. 실제로 내가 원하는 대로 할 수 있든 없든 상관하지 말고 그런 마음을 가진 나를 그대로 받아주세요.

만약 그 10분 동안 '오늘 좀 쉬고 싶다' 이런 생각이 들었다면 한 시간이라도 내서 쉬고, '여행 가고 싶다' 이런 생각이 들었다면 주말에 이틀 정도 다녀오는 것도 괜찮겠죠. 그렇게 하루 10분만 '내 생각'을 해주면서 조금씩 '내가 원하는 것'을 해나가도록 실천에 옮겨주는 겁니다.

가면을 벗고 진짜 모습대로 살려면 상당한 용기가 필요해요. 하지 않던 말을 하고, 하지 않던 행동들을 하고, 늘 하던 행동을 안 할 수도 있죠. 이 모든 건 용기와 결단이 필요합니다. 하지만 할 수 있어요. 혹시 내가 원하는 대로 실천할 수 없는 상황이라도 매일 10분씩 내 진짜 마음을 생각해 주는 것만으로도 나를 잃어버리지 않을 수 있어요. 아예 생각도 하지 않고 사는 것보다 훨씬 낫죠.

어떻게 생각해야 할지 잘 모르겠다면 종이를 한 장 펼쳐보세요. 가운데에 내 이름을 적고 마인드맵을 그리는 거예요. 나를 생각했을 때 떠오르는 것들을 규칙 없이 써 내려가 보세요. 쓸 말이 없다면 그만큼 나를 잃어버린 것이겠죠. 시간이 오래 걸려도 괜찮아요. 내가 재밌게 본 영화, 내가 좋아하는 음식, 지금 당장 하고 싶은 것(현실 가능성이 없어도), 내가 좋아하는 색깔, 나의 이상형, 좋아하는 연예인, 좋아하는 카페, 싫어하는 음식 등을 떠올리며 나랑 노는 거죠. 나를 만나는 거예요.

제가 상담센터에서 근무할 때 센터장으로 저를 지도해 주시던 최지원 교수님(자주 등장할 것 같아서 실명제 갑니다)이 언젠가 저랑 문자를 주고받다가 이렇게 마지막 인사를 하시더라고요.

"오늘도 '나예랑 했다' 하는 하루 보내세요."

그 문자를 보면서 한참을 생각해 봤어요. '나예랑'은 제 이름이거든요. 도대체 '나예랑 했다'가 뭘까. 어떤 하루를 보내야 나예랑 같은 하루를 보낸 걸까. 열심히 하면? 즐겁고 신나면? 우울하고 무력하게 울다가 잠들면? 그렇게 곰곰이 생각을 하다가 저는 관계에 민감하고 상호소통과 교류가 중요한 사람이라는 게 떠올랐죠. 그래서 이렇게 답장을 했어요.

"이미 나예랑 했어요. 제가 좋아하는 교수님과 오늘도 이렇게 연락을 주고받으면서 힘을 얻고 즐거웠다는 게 이미 나예랑 한 거죠."

이렇게 누군가와 문자를 주고받으면서 잠깐이라도 참 자기를 생각해 보는 거예요. 그리고 그렇게 알게 된 참 자기가 좋아하는 걸 늘려나가는 거예요. 우리는 하고 싶은 것만 하고 살 수는 없기에 혹시 내가 원치 않는 직업 생활을 하고 원치 않는 만남을 한다고 해도, 그게 참 자기가 싫어하는 일이라는 걸 아는 것만으로도 의미가 있어요. 가면에 파묻혀서 진짜와 가짜를 구분도 못 하는 사람은 자기가 싫어하는 줄도 모르고 하거든요. 상황을 바꾸지 못해도 마음이라도 알아채는 시간을 늘려가는 겁니다. 그렇게 나를 아는 것이 가장 중요해요. 여러분도 'OOO 했다' 하는 하루를 보내 보세요.

가면 쓴 미숙이를 위한 처방 2.
기분 나쁘지 않게 자기표현하기

가짜 자기로 살아가는 사람들은 대부분 자신의 감정과 생각을 억압합니다. 아무 생각도 없어서 남에게 맞춰주는 게 아니에요. 만약에 진짜 내 것이 없어서 상대방을 따라가는 거라면 그건 또 다른 문제, 즉 의존성 성격일 수도 있고 아니면 극심한 가짜 자기라서 완전히 나를 못 느끼는 것일 수도 있어요. 하지만 못 느낀다고 해서 내가 없는 건 아니잖아요.

누가 무슨 말을 했을 때 어딘가 모르게 불편한 마음이 들면 그 순간 내 마음에 집중해 보세요. 그리고 하고 싶은 말이 있다면 먼저 정리를 해보세요. 분명 기분 나쁘지 않게 내 생각을 말할 수 있는 방법과 표현들이 있거든요. 아마 가짜 자기들은 그 순간 기분이 나쁜 것도 알아채지 못하고 집에 돌아오는 길에 이상하게 짜증이 날 수 있어요. 아니면 자기 전에 기분이 정말 더럽구나 싶을 수 있어요. 그만큼 자기 마음을 바로바로 봐주지 못해 왔다는 것이겠죠. 그러니 이제 자기랑 좀 친해져야 해요. 내가 누구랑 대화를 하는데 심장이 빨리 뛰고 기분이 좀 찜찜하거나 화가 난다 싶으면 일단 화장실에 가세요. 옥상도 좋아요. 가서 할 말을 정리하세요. 물론 가장 좋은 건 화장실을 안 가고도 그 자리에서 바로 말하는 건데, 그건 좀 숙달이 되어야 할 거예요. 맞죠?

어떻게 말을 정리하냐면요. 과장되지 않게 사건을 객관적으로 말하면서 거기에 대한 나의 감정을 말하는 겁니다. 상대방을 탓하거나 모욕하는 말이 아니라 "나는 이런 마음이 들어" 하고 객관적 상황에 대한 나의 감정을 고백하는 식으로 주장하면 상대방의 기분은 그렇게 상하지 않아요. 이런 것을 'I 메시지'라고 해요. 나의 감정에 초점을 맞춘 대화입니다.

예를 들면 "오빠가 어제 나한테 쌍꺼풀 수술을 해보는 게 어떠냐고 했잖아? 난 그게 참 서운하게 들리더라" 딱 여기까지 말하는 거예요. 물론 속으로는 "오빠는 어떻게 그런 말을 해? 내가 '무쌍'인 게 맘에 안 들면 나가서 쌍꺼풀 있는 여자를 만나. 나는 뭐 오빠 생긴 거 다 맘에 들어서 가만있는 줄 알아?"라고 하고 싶겠죠. 마음속으로는 이미 100번도 더 했겠죠. 그런데 어차피 그런 말 절대 못 할 거잖아요. 했다 하면 헤어지는 거잖아요. 속으로만 욕하다가 친한 친구한테 하소연하고 그래도 안 풀려서 속으로 끙끙 앓다가 헤어지네, 마네 그러겠죠. 그런 게 바로 미숙이거든요.

그러지 말고 딱 '상황 설명+내 감정' 이렇게만 자기표현을 연습해 보세요. 못 하겠으면 문자로 보내도 되고, 아니면 거울 보고 먼저 연습한 다음에 말하는 방법도 있어요. 안 해봤기 때문에 용기가 필요하고 연습이 필요한 거예요. 처음이 어렵지, 하다 보면 점점 쉬워질 거예요. 만약 그렇게 했는데도 상대방이 기분 나빠한다면 그건 그 사람 문제예요.

실면서 어떻게 누군가의 기분을 전혀 상하게 하지 않을 수 있나요? 아무 말도 안 하고 움직이지도 않는 저 길가의 돌멩이에도 걸려 넘어져서 상처를 입는데 어떻게 움직이고 말하는 사람이 사람에게 상처를 안 줄 수 있나요? 그리고 엄밀히 따지자면 돌멩이가 상처를 준 게 아니라 자기가 넘어진 거거든요. 내가 최선을 다해 예의 있게 행동해도 스스로 걸려 넘어지고 상처를 받는 사람이 있을 수 있어요. 내가 모든 사람의 마음을 책임질 필요는 없으니 용기를 내서 자기표현을 해보세요. 속에 있는 것을 표현하는 것은 예의 없거나 이기적인 행동이 아니에요. 때로는 나의 마음을 표현하는 것이 오히려 상대방을 더 편안하게 해줄 수 있어요.

더 간단하게 객관적 상황을 빼고 내 마음을 표현하는 것에만 초점을 맞춰 말할 수도 있어요. '네 탓'이 아닌 '나의 감정과 상태'에 초점을 맞추는 것이죠. 예를 들어 "내가 걱정이 좀 많은 성격이다 보니까 시부모님 생신상 차리는 게 부담이 되네. 밖에 나가서 외식하는 건 어떨까?", "당신은 무심한 게 아니겠지만 나는 그 말이 좀 무심하게 들리더라고", "네가 나에게 부탁을 할 수는 있지만 요즘 내가 예민하고 피곤해서 그런지 생활에 좀 여유가 없네" 이런 식으로 참지만 말고 진짜 자기가 하고 싶은 말을 정리하고 연습해 보는 겁니다.

상대방을 과소평가하지 않기

그런데 그렇게 내가 하고 싶은 걸 하고 속마음을 드러내면서 살면 한 가지 걱정이 들어요.

'주변 사람들이 나에게 실망하면 어쩌지? 내 진짜 모습을 보여주고 주장하기 시작하면 싸울 수도 있고, 떠날 수도 있고, 나를 안 좋게 볼 수도 있는데.'

두려울 만해요. 그래서 지금까지 평생 속마음을 감추고 살아온 거니까요. 제가 예전에 처음 상담을 받을 때 상담선생님이 저에게 말씀하셨어요.

"엄마가 실망하면 안 되나요?"

"제가 엄마를 실망시킬 수 있다면 제 문제가 해결될까요?"

"엄마를 실망시키는 게 아니라 엄마가 실망하는 거죠. 실망할지 말지는 엄마가 선택하는 거고 엄마가 감당할 몫입니다. 선생님은 엄마를 과소평가하고 있어요. 엄마는 선생님 때문에 슬퍼하고 실망할 수 있는 능력이 있어요. 감당할 만한 힘이 있는 분이에요. 선생님이 엄마의 모든 슬픔을 대신 감당해 줄 만큼 엄마는 나약하지 않습니다."

누군가를 실망시키지 않기 위해서, 상처 주지 않기 위해서 다 내가 책임지려고 하는 것은 사실 그 사람을 과소평가하는 거예요. 슬픔도, 실망도, 상처도 우리가 부대끼고 살면서 어쩔 수 없이 겪어야 하는 인생의 조각들이잖아요. 그 사람들은 그걸 감당할 수 있는 힘이 있어요. 그건 그들의 몫이에요. 그런데 그걸 다 내가 대신 상처받고, 대신 희생하고, 보호자 노릇을 하며 산다면 나는 평생 그들의 꼭두각시, 가짜 자기로 살아야 해요. 그건 서로에게 건강하지 않습니다.

갈등을 두려워하지 마세요. 그들을 과소평가하지 마세요. 그들이 스스로 실망하기로 선택한 거지, 여러분이 실망시킨 건 아닙니다. 그러니까 이제부터 하고 싶은 말을 하세요. 하고 싶은 일을 하세요. 느끼고 싶은 감정을 느끼세요.

내 삶의 주체는 내가 되어야 해요. 내 부모도, 친구도, 연인도, 배우자도 아니에요. 내 삶의 주체는 나 자신입니다.

가면을 벗는 작업은 처음에 무척 힘들 수 있어요. 오랜 시간 가면을 쓴 만큼 벗는 과정에서 피가 철철 흐를지도 몰라요. 하지만 결국 그건 치료예요. 상처를 치료하려면 환부를 드러낼 수밖에 없잖아요. 그게 무서워서 덮어두면 더 상처가 될 뿐이죠. 시간이 얼마가 걸리든 시행착오를 거치다 보면 드디어 가면을 벗고 진짜 자기로 살아가는 날이 올 거예요.

가면 쓴 미숙이를 위한 처방

1. 하루 10분 내 마음 보기

종이를 한 장 펼치고 오늘 내 마음은 어땠는지, 나를 생각할 때 떠오르는 것들을 솔직하게 규칙 없이 써보세요. 원하는 게 떠오른다면 아주 작게라도 실천하고요. 진짜 나를 만나서 노는 거예요.

2. 기분 나쁘지 않게 자기표현하기

나에게 닥친 상황을 과장되지 않게 객관적으로 설명하면서 그에 대한 나의 감정을 말해요. 그 자리에서 바로 말하기 힘들다면 기분을 가라앉힌 뒤에 문자로 해도 좋고, 혼자 할 말을 연습했다가 나중에 말해도 좋아요.

3. 상대방을 과소평가하지 않기

상대방을 실망시킬까 봐 두려운 마음에 혼자 속앓이를 하며 모든 감정을 책임지려 하지 마세요. 내가 실망시키는 게 아니라 상대방이 실망하는 겁니다. 슬픔도, 실망도, 상처도 모두가 겪는 인생의 일부고, 상대방에게도 그것을 감당할 힘이 있답니다.

나도 몰랐던 미숙한 마음 3.
완벽주의

"실수하면 틀림없이 버림받을 거야"

···

✦

실수나 실패가 너무 두렵고 자기가 생각한 틀대로 완벽하게 이루어야만 안심하는 사람이 있어요. 내가 생각한 대로 되지 않으면 모두 망친 거라고 여기며 자신과 타인에게 높은 기준을 부과하는 사람입니다. 싫은 소리를 절대로 들어서는 안 되고 합리적인 비판이라도 견딜 수가 없어요.

사람이라면 누구나 인정받고 싶은 욕구가 있어요. 매우 자연스럽죠. 그게 없다면 인류가 어떻게 발전을 하겠어요? 에이브러햄 매슬로(Abraham H. Maslow)의 5대 욕구를 보면 1단계가 생존의 욕구, 2단계는 안전의 욕구, 3단계는 애정의 욕구, 4단계는 인정의 욕구예요. 그리고 마지막 5단계가 자아실현의 욕구입니다. 아래 단계의 욕구가 채워져야 그 다음 단계의 욕구를 추구하게 돼요. 그러니 4단계에서 인정받고자 하는 욕구가 어느 정도 채워져야 5단계인 자아실현이 하고 싶어지겠죠.

내가 왜 자아실현을 못 하고 있는지 한번 생각해 보세요. 아래 단계 중 무엇을 채우길 원하는지요. 이처럼 인정받으려는 마음은 매우 본능적이기 때문에 부끄러워하지 말고 당당하게 인정받으려 애쓰셔도 됩니다.

존재 가치를 흔드는 인정 욕구

문제는 정상 범주를 넘어 강박적이고 신경증적으로 인정받으려고 할 때예요. 정상 범주의 욕구는 인정받으면 좋고 인정받지 못하면 속상한 정도예요. 그런데 강박적이고 신경증적인 인정 욕구는 인정받지 못했을 때 자기 존재의 근본이 흔들려요.

"깐 데 또 까"라는 말 들어보셨죠? 밥 먹다가 혀를 깨물면 무척 아파요. 그래도 잠시 아파하고 난 뒤에는 즐겁게 밥을 먹을 수 있어요. 그런데 똑같은 데를 또 깨물면 어때요? 거의 울죠. 밥을 먹는 건지 혀를 먹는 건지 모를 혼란 속에서 침과 눈물을 닦습니다. 그다음부터는 어떻게 밥을 먹을까요? 다시는 그 부분을 깨물지 않도록 매우 강박적이고 신경증적으로 먹게 됩니다. 더 이상 그 식사는 즐거움이 아닌 생존 현장이 되죠.

성장 과정에서 자존감에 상처가 자주 난 사람은 다시는 자존감이 다치지 않으려고, 그러니까 깐 데 또 까이지 않으려고 매우 강박적이고 신경증적으로 인정과 애정에 목맵니다. 그 사람에게 관계와 일은 자신을 지켜내야 하는 생존 현장이에요. 자기 가치감이 낮고 확신이 부족하기 때문에 자신의 가치와 정체성을 타인의 인정에 걸거든요. 내부에서 산소를 공급하지 못하면 산소 호흡기를 끼고, 그 호흡기를 빼면 죽잖아요. 그런 원리죠.

내가 가치 있고 소중한 사람이라는 생각이 내 안에서는 만들어지지 않기 때문에 타인의 인정으로부터 끌어와야 해요. 산소 호흡기를 껴야 해요. 그걸 빼면 자기 존재감을 느끼기 어려워요. 그렇게 타인이 인정해야만 가치 있는 존재라고 느끼는 사람이 됩니다.

타인의 인정이 '나의 행동과 성과'에 대한 평가가 아니라 '나의 존재, 나의 근본'을 평가하는 것으로 받아들여진다면 얼마나 사는 게 힘들고 스트레스가 심하겠어요? 타인의 평가가 나의 존재 가치를 좌우한다면 말이죠. 그래서 지적을 받거나 작은 실수라도 하면 멘탈이 붕괴됩니다. 그때마다 자기 존재의 근간이 흔들리니까요. 그래서 붕괴를 막기 위해 극도로 예민하게 성공에 집착하고 실수나 실패에 대한 과도한 알레르기 반응을 보이게 됩니다.

우리는 흔히 그런 사람을 '완벽주의자'라고 불러요. 물론 모든 완벽주의의 원인이 인정 욕구는 아니에요. 불안이 높고 강박적인 사람의 경우 자신의 틀을 지키며 안정감을 얻기 때문에 타인의 평가와 상관없이 완벽주의적인 모습을 보이기도 합니다.

완벽주의의 2가지 특징

완벽주의는 보통 완벽함이 주는 매력을 추구한다기보다는 불완전이 주는 불편과 불안에 괴로워하는 사람이에요. 즉 성공하면 기쁘고 보람 있기 때문에 성공하려는 게 아니라 실패나 실수가 너무 불편해서 성공하려는 사람이죠.

완벽주의는 크게 2가지 측면을 지니고 있어요. 첫째, 자신과 다른 사람에게 비현실적으로 높은 기준을 부과합니다. 업무적으로 그럴 수도 있고 도덕적으로 그럴 수도 있어요. 횡

단보도에서 빨간불에 건너는 사람들, 엄청 거슬립니다. 또는 관계에 대해 높은 이상주의를 가지고 있을 수 있어요. "나를 친구로 생각한다면 이 정도 선물은 너무한 거 아니야? 나한테 선 긋는 거야 뭐야?" 하고 발끈하죠. 대체로 모든 면에 있어서 기준이 높고 거기서 조금이라도 벗어나면 망친 것, 보잘것없는 것, 실패한 것으로 자각합니다. 그래서 내가 설정한 그 기준에 못 미치면 나와 타인을 비난합니다. 아, 물론 속으로만요.

둘째, 작은 실수나 결점에 집착합니다. 시험에서 90점을 받았으면 90점을 받았다는 사실보다 10점이나 틀렸다는 사실에 집중하면서 자신의 흠과 티를 찾아냅니다. 그리고 그 10점 때문에 열받아서 잠을 못 잘 겁니다. 옆에서 잘했다고 격려해도 전혀 들리지 않을 겁니다. 그 10점이 머리에서 떠나지 않아 미치겠거든요.

이러한 삶은 어떨까요? 진짜 사는 게 아닙니다. 좋은 순간보다 힘든 순간이 훨씬 더 많은 삶이죠. 물론 완벽주의가 주는 장점이 있어요. 남들보다 실수가 적고 업무나 학업에서 남들보다 좀 더 성과를 내죠. 그러나 그 성과를 위해 본인이 치러야 하는 대가는 참 혹독합니다.

게다가 그렇게 이루어냈어도 만족하기보다는 그 속에서

또 결점을 찾아내서 스스로 비난하고요. 그러다 보면 자존감이 낮아집니다. 세상에 완벽은 존재하지 않는데 나의 목표가 완벽이면 언제나 나는 실패자가 되는 거잖아요. 남들이 보기에 잘했어도 나 스스로는 열등한 존재라고 여기니까 자존감이 떨어지겠죠.

그리고 극심한 스트레스를 받고 탈진할 수 있습니다. 일 중독과 번아웃 증후군에 걸릴 위험이 크고 우울증 단골손님이 될 수 있어요. 또 다른 사람을 자신의 기준에 맞춰서 매우 비판적으로 보기 때문에 대인관계에서도 갈등이 자주 일어날 수 있습니다. 일 중심으로 사람을 대하고 자신만의 엄격한 기준으로 타인을 비판하기 때문에 팀의 리더나 직장상사라면 동료들을 매우 힘들게 할 수 있습니다. 아, 자기는 모를 수 있어요.

완벽의 기준은 저마다 다르다

보통 강박과 완벽주의를 같이 가진 경우가 많아요. 강박으로 인한 완벽주의는 인정 욕구와 달리 불완전함에 대한 자신의 불편감 때문에 생기지만 그래도 남들에게 싫은 소리를 듣거나 책잡히는 게 너무 싫은 건 똑같습니다.

제 친구 중 한 명은 강박에 의한 완벽주의가 심해요. 색깔 맞춤, 종이 여백 맞춤, 맞춤법, 숫자 규격 같은 것에 매우 민감합니다. 본인도 그런 걸로 회사에서 부하직원을 힘들게 하고 있다는 걸 알지만 그 심각성은 잘 모르더라고요. 그 부하직원이 무능하고 야무지지 못해서 혼낼 것을 혼냈다고 생각하고 있어요. 그런데 부하직원들이 자꾸만 연속해서 직장을 그만두는 거 있죠.

언제는 저에게 어느 부하직원이 일 처리한 사진을 보내주면서 "애가 이렇게 일을 처리해서 내가 뭐라고 했는데 굉장히 힘들어하면서 퇴사를 했어. 내가 뭘 잘못했어?" 묻더라고요. 저 정말 그 사진에서 문제점을 찾는 게 수능문제 푸는 것보다 어려웠어요. 알고 보니 표지의 색깔을 넣을 때 스펙트럼을 그라데이션으로 점차 진하게 하지 않고 알록달록하게 했다는 게 문제였어요. 세상에, 누군가에게는 알록달록한 게 완벽일 수 있잖아요.

그 친구는 그 이후로 저랑 주기적으로 심도 있는 대화를 했어요. 저도 과거에 완벽주의가 심했던 사람이라 이해는 되지만 이 정도면 같이 사는 사람이 정말 너무 힘들겠다 싶더라고요.

신혼여행 갈 때 자기가 짰던 계획표를 저에게 보내주었는데 저는 무슨 여행사 직원이 승진을 앞두고 프로젝트 진행한 건 줄 알았어요. 표로 빼곡하게 작성된 종이가 거의 10장이었어요. 장소, 할 일, 교통수단, 식당, 메뉴 모두 1안, 2안, 3안으로 구성되어 있더라고요. 1안이 이루어지지 않을 경우에 대비한 계획을 모든 일정에 3안까지 준비한 거예요. 저는 그 계획표를 돈 주고 사고 싶더라고요. 그 정도면 어느 여행사라도 취업할 수 있을 것 같았어요.

그 친구는 그렇게 준비를 해야 자기 마음이 편하다는 거예요. 마음이 편한 거는 알겠는데 그 여행이 즐겁기도 할지는 모르겠어요. 그 계획을 완성하러 여행을 가는 것인지 신혼을 즐기러 여행을 가는 것인지 모르겠어요. 같이 가는 남편은 어떨까요? 그 계획표 외의 것을 하고 싶을 때 감히 한마디라도 꺼낼 수 있을까요? 그럴 수 없겠죠. 그 계획표를 보는 순간 어느 남편이라도 입에 지퍼 채워야 해요.

잘 생각해 봅시다. 세상에 정말로 완벽한 것이 있을까요? 사실 완벽이라 함은 다 주관적인 기준으로 자기가 만든 틀일 뿐, 그게 또 다른 누군가에게는 전혀 완벽이 아닐 수 있거든요. 나는 그 규격을 맞추는 게 너무 중요한데 누구에게는 그게 대단한 게 아닌 거죠.

나는 1등을 하는 게 너무 중요하고 1등이 아니면 무조건 실패했다고 생각하는데 누군가는 꼴등을 해도 실패했다고 생각하지 않아요. 성공과 실패, 완벽과 불완전의 기준은 사람마다 모두 다르죠. 그런데 그 나만의 틀에 맞추기 위해서 그토록 스트레스를 받고 고생하는 거예요. 완벽주의가 심한 사람은 자신의 불완전과 실수를 엄청 빨리 찾아내고 작은 결함도 용서하지 못하거든요.

목표도, 결과도 객관적으로 평가할 것

✳

그렇다면 이 완벽주의를 어떻게 고칠까요? 솔직히 성향 자체를 완전히 바꾸지는 못해요. 타고난 성향은 무엇이든지 장단점이 있기 때문에 고칠 필요가 없기도 하고요. 다만 외부의 기대를 충족시키기 위해 억지로 애쓰는 부적응적 완벽주의에서, 자신만의 목표를 세우고 성취하며 만족을 얻는 적응적 완벽주의로 바꿀 수는 있습니다.

완벽주의 미숙이를 위한 처방 1.
흑백논리 오류에서 벗어나기

성공 아니면 다 실패, 100점 아니면 다 0점, 흑 아니면 무조건 백이라는 생각을 '흑백논리'라고 해요. 완벽주의는 대부분 흑백논리적인 사고를 합니다.

'완벽하지 못할 바에는 아예 시작도 하지 말자.'

그래서 완벽주의자들은 헬스 같은 운동을 잘 안 해요. 진짜 끝장을 볼 거 아니면 섣불리 회원권을 끊지 않아요. 공부도 1등급 나올 거 아니면 안 해요. 5분을 늦게 생겼으면 아예 결석을 하는 게 낫다고 생각합니다. 그래서 게으른 완벽주의자가 생기죠. 목표는 높은데 이룰 자신이 없으니까 조금의 노력도 하지 않습니다. '나는 못한 게 아니라 안 한 거다'라는 타이틀로 위안을 삼으면서요.

대신 노력할 시간에 그 괴로움을 피하기 위해 오히려 게임을 하고 심지어 그 게임에 중독됩니다. 완벽주의를 가진 분들이 인생 진짜 완벽하게 열심히 살 것 같은데, 의외로 게으르고 무기력하고 게임 중독이 많습니다. 그래서 자신이 완벽주의라는 사실을 모르는 분이 참 많아요. 이런 게 흑백논리라는 인지오류에서 나온 부적응적 행동들입니다.

그런데 생각을 해봅시다. 수학적으로만 봐도 어떻게 100이 아니면 0이겠어요? 0에서 100으로 갑자기 어떻게 가죠? 1부터 99라는 숫자가 있어야 100이 완성돼요. 어떻게 100 아래 모든 숫자가 0과 같겠어요. '80=0', '60=0'이라는 건데 수학적으로도 말이 안 되잖아요. 그런데 나는 그렇게 믿고 산다는 거예요. 그러니 이게 얼마나 오류냐는 것이죠.

이것을 치료하려면 일단 언어습관부터 고쳐야 해요. 만약에 내가 80점을 받았다면 보통 완벽주의는 "이번 시험은 완전히 망쳤어"라고 말해요. 그런데 그 말 대신에 "나 이번 시험에서 80점을 받았어"라고 하는 거예요. 물론 생각만 해도 힘들겠죠. 다 이해합니다. 저도 지독한 완벽주의자였거든요. 우울증 단골손님이잖아요. 그 중간 점수를 점수라고 인정해주기가 얼마나 온몸에 두드러기 돋게 힘든지 잘 압니다. 한 문제라도 틀리면 찝찝해서 잠을 못 자요. 그런데 또 그렇게 다 잘하기가 어디 쉬워요? 그러니 아예 안 해버리죠. 노력하고 준비했는데 망치는 건 있을 수 없는 일이거든요. 그런데 사실 망친 게 아니라 80점을 받았다는 걸 인정하고 말로 내뱉어야 해요.

무슨 보고서를 썼는데 생각만큼 잘 안 나왔으면 '이 보고서는 쓰레기다'라고 생각하겠죠. 그런데 그러지 말고 "이번 보고서는 3페이지의 이 부분이 논리적으로 좀 빈약하구나. 대신 다른 부분은 괜찮아. 정보도 정확하고 문장력도 좋네" 이렇게 잘된 부분과 안 된 부분을 구분하는 거예요. 싹 다 쓰레기 취급하지 말고요. 속으로만 생각하지 말고 입으로 소리를 내서 말하면 더 좋습니다. 이렇게 흑백논리가 아닌 있는 그대로 나의 결과를 받아들이는 연습을 하다 보면 불필요한 자책과 좌절감에서 어느 정도 벗어날 수 있어요.

완벽주의 미숙이를 위한 처방 2.
실수 알레르기 버리기

완벽주의자는 작은 손해나 실수를 견디기 어려워해요. 실수를 넘어 실패라는 단어는 아예 재앙으로 여깁니다. 그래서 마트에서 장을 볼 때도 엄청 오랜 시간이 들 수 있어요. 두부 앞에 서서 풀무원 두부를 살지, 청정원 두부를 살지 고민하고 가격, 날짜, 성분까지 전부 따진 뒤에야 겨우 하나를 고릅니다. 그냥 보통 고민하는 게 아니고 아주 오랫동안 고민할 거예요. 행여나 손해 보거나 실수할까 봐요. 그렇게 장을 보고 집에 와서 짐을 풀어보면 막상 산 물건은 4~5개밖에 없어요. 그 오랜 시간 동안 겨우 몇 개를 사 와서는 또 고민해요.

'바꿀까?'

'잘못 샀나?'

'이거는 사지 말걸 그랬나?'

옷을 사도 늘 환불이나 교환을 마음에 품고 있어요. 이 사람 저 사람에게 다 물어보고 인터넷으로 다 알아본 다음 며칠 지나야 가격표를 뗄 겁니다. 손해나 실수가 너무 싫어요. 늘 마음에 딱 맞는 것을 추구해요. 그래서 무엇을 결정할 때 시간이 너무 오래 걸리고 생각을 지나치게 많이 해요. 그렇게 하고도 그다지 마음이 편하지 않고요.

물건에도 이러는데 자기가 맡은 업무나 성과에 대해서는 어떨까요? 정말 작은 실수에도 집착하고 거기에 매여요. 기분이 엄청 심하게 상해요. 자기를 용서하기 어려워서 스스로에게 막 욕을 퍼부어요. 그런데 무슨 잘못을 그렇게 했느냐고 물어보면 사실 남들도 다 하고 사는 있을 법한 실수예요. 그런데 자기는 남들보다 더 많이 실수했대요. 그냥 두세 번 정도인데도요. 일생에서 같은 실수를 두세 번 했다고 자기를 쓰레기 취급하면 진짜 지구상에 인간은 없어요. 다 쓰레기예요. 인간이라면 실수는 자연스러운 것이고 나만 그런 게 아니라는 사실을 잊지 말아야 합니다.

그리고 내가 한 실수를 집착적으로 붙잡고 계속 그 실수로 나를 때리니까 그게 오늘날까지 영향을 미치는 거지, 사실 그 실수만 따로 떼서 보면 결과적으로 그렇게 오래 영향을 미치지 않거든요. 예를 들어 오늘 발표할 때 실수를 해서 좀 비난을 받았어요. 완벽주의자인 분들은 이런 말을 들으면 벌써 토할 거 같죠? 그런데요. 한 달 후에도 사람들에게 그 실수가 의미 있을까요? 1년 후는요? 오늘 내가 한 실수는 사실 남들에게 지나가는 작은 한 컷에 불과해요. 별로 기억되지 않습니다. 나만 놓아주면 돼요.

그리고 실수는 무조건 나쁜 게 아니에요. '실수는 성공의 어머니'라는 그 식상하고도 옳은 말이 있잖아요. 실수를 했기 때문에 다음에는 그 부분을 더 신경 써서 잘할 수 있게 된다는 장점이 있어요. 실패 없이 단번에 성공하는 사람은 거의 없습니다. 설령 단번에 성공한다고 해도 나중에 하강하는 날이 오면 크게 당황해서 대처하기 어려울 수 있어요. 사람은 분명 하강할 때가 있거든요. 그러니 실수는 나를 촘촘하게 성장시키고 가장 중요한 실력인 '기초'를 단단하게 해주는 발전의 기회가 될 수 있음을 인지해야 합니다.

완벽주의 미숙이를 위한 처방 3.
셀프 칭찬하기

완벽주의자는 실수와 결점에 집착하다 보니 자신의 장점

은 잘 생각하지 못하는 경우가 많아요. 자신의 결점은 아주 크게 생각하고 긍정적인 부분은 엄청 축소시키는 인지오류를 '의미 축소 또는 의미 확대'라고 합니다. 긍정은 실제보다 축소하고 부정은 실제보다 확대하는 것이죠. 이때 나의 인지오류를 자각하면 생각을 바꿀 수 있습니다.

하루를 마감하기 전에 누워서 생각해 보세요. 오늘 하루 내가 잘한 일, 나의 긍정적인 면을 정리해 보세요. 그리고 내 마음이 불편하지 않게 그 긍정을 받아들일 때까지 마음에 계속 품고 생각해 주세요. 완벽주의자는 기준이 높아서 칭찬할 만한 일이라고 하면 대단히 거창한 걸 생각할 수 있는데 이제부터는 아주 작은 것을 칭찬하는 거예요.

-그동안 한번 콱 쥐어박고 싶었던 김 대리에게 음료수를 사주었다. 미운 놈에게 떡 하나 더 준다고, 난 참 지혜로웠다. 져주는 게 이기는 거다. 다음에는 빵도 사줄 거다.

-오늘 미루고 있던 책을 한 페이지 읽었다. 완벽주의가 책한 장을 다시 읽기가 얼마나 힘든데 난 그 어려운 걸 해냈다. 이제 보니 난 조금씩이라도 해내는 끈기 있는 사람이다.

-오늘 피곤하지만 들어오는 길에 한 정거장 일찍 내려서 산책을 했다. 남들처럼 회원권 끊고 운동하지 않아도 이렇게 무료로 쏠쏠하게 몸과 마음의 건강을 챙기는 나는 부지런한 사람이다.

-오늘 방 청소를 했다. 이 정도로 더러우면 다 버리고 이사갈 법도 한데 이 엄청난 방을 치우다니 내 자신이 정말 대견하다.

이 얼마나 대견하고 잘한 일인가요? 그런 긍정적인 면들을 자기 전에 한 번씩 생각해 주라는 것이죠. 긍정적인 사고에는 강력한 힘이 있습니다. 행동하게 만들거든요. 사람을 움직이게 만들어요. 그 생각 하나가 말이죠.

현실적이고 구체적인 목표 세우기

완벽주의의 목표는 무엇일까요? 완벽이죠. 그런데 과연 완벽이라는 목표는 정확히 얼마큼이죠? 굉장히 애매한 거에요. 애매모호한 목표이기 때문에 어느 정도 이루어도 만족을 느끼기가 어려워요. '난 무조건 잘해야 해', '무조건 잘나야 해' 이것만큼 애매한 목표가 없어요. 마냥 높기만 한 거예요. 그래서 완벽주의자는 자신의 목표에 대한 현실성과 구체성을 따져봐야 해요.

예를 들어서 '나는 오늘 책을 많이 봐야지' 이게 아니라 '나는 오늘 3단원까지 책을 봐야지' 이렇게 구체적으로요. '나는 오늘 일을 많이 해야지'가 아니고 '오늘 8시까지만 일을 해야지' 이렇게 확실하게 알아볼 수 있는 구체적인 목표를 설정해 주세요.

그리고 현실성을 같이 생각해야 해요. 지금 시간이 새벽 12시이고 내일 출근해야 하는데 '오늘 책을 3단원까지 읽어야지' 이러면 비현실적이겠죠. 나도 모르게 책에 머리를 대고 잘 테니까요. 그렇게 잠들면 또 스스로에게 실패자가 되는 거예요.

목표는 구체성과 현실성 모두를 고려해서 나의 상황과 능력에 맞게 설정해야 해요. 원래 암기력이 부족한데 '하루에 영어 단어 100개 외우기'라는 목표를 세우면 오히려 공부를 더 못 하게 되어 결국 스스로 실패자라 낙인찍고 게으른 완벽주의자가 되는 거예요. 그래서 내가 할 수 있는 만큼 현실

적이고 구체적으로 설정하고, 사소한 것이라도 자주 목표에
도달하는 경험을 하는 것이 좋습니다.

과정을 소중히 여기기

완벽주의는 목표만 바라봐요. 그 목표를 이루면 성공, 못
이루면 무조건 대실패예요. 그런데 사실 과정도 그 자체로
충분히 의미가 있거든요. 등산은 정상에 오르는 게 목표지만
오르면서 좋은 공기도 마시고, 풀과 나무를 보며 힐링하고,
지인들과 이야기하며 스트레스를 푸는 것처럼 산을 오르는
과정에서 얻는 즐거움이 있어요. 그런데 완벽주의는 정상에
오르는 것만 생각하기에 과정에서 얻는 즐거움을 놓치게 됩
니다. A학점을 받는 게 목표여도 그 과목을 공부하는 과정에
알게 되는 새로운 지식과 통찰이 있잖아요. A학점을 받지 못
해도 그 지식들은 어디 사라지지 않고 나에게 남죠. 그런 과
정들을 인정해 주자는 거예요.

제가 언젠가 친구랑 여행을 가다가 휴게소에 들리자고 했
어요. 그랬더니 친구가 자기는 어디 갈 때 용변이 급한 게 아

니면 휴게소에 가시 않는다는 거예요.

"빨리 도착해서 여행 시작해야지. 휴게소에 들르면 시간이 그만큼 지체되잖아."

"목표의식이 분명하네?"

"응. 빨리 가자."

"그런데 그거 알아? 나는 그대와 차를 타고 출발한 그 순간부터 여행을 시작한 건데?"

"음…?"

"가는 길에 차에서 둘이 도란도란 이야기하고, 풍경 보면서 고속도로를 달리고, 휴게소에서 호두과자랑 커피 한 잔 사서 먹으면서 또 달리고, 피곤하면 졸음쉼터에 차 세워놓고 스트레칭도 하고. 나는 그대와 함께하는 모든 순간이 소중한 여행이야."

제가 생각해도 느끼하지만 속으로는 좋아했겠죠, 그 친구. 그 이후로는 그 친구도 어디 갈 때 한층 더 여유롭게 즐기더라고요.

어떤 목표에 도달해야 한다는 압박감에 짓눌려 그 과정에서 누리는 소중함과 즐거움을 놓치고 있지는 않나요? 그 과정 중에는 힘든 일도 있겠죠. 하지만 긍정적이든 부정적이든 모두 하나의 경험이 되어서 인생의 보탬이 되고 나를 촘촘하고 단단하게 만든다면 우리 인생에 시련은 있어도 실패는 없는 거랍니다.

완벽주의자는 아주 훌륭한 사람들입니다. 능력 있고 일 잘하고 자기 주제를 알고 끊임없이 노력해요. 그런데 그것도 다 내가 살고 보는 거지, 그것 때문에 우울증 걸리고 번아웃 증후군에 빠지고 몸과 마음이 죽게 생겼으면 다 무슨 소용입니까? 적응적 완벽주의자가 된다면 자책이 아닌 자기성찰을, 후회가 아닌 교훈을 남기는 발전적인 방향으로 나아갈 거예요. 완벽이고 나발이고 내가 살고 보자고요.

완벽주의 미숙이를 위한 처방

1. 흑백논리 오류에서 벗어나기

결과의 척도를 객관적으로 말해보세요. "이번 시험은 완전히 망쳐버렸어"가 아니라 "70점을 받았어"라고 있는 그대로 사실을 말하는 거예요. 불필요한 자책과 좌절감에서 벗어날 수 있어요.

2. 실수 알레르기 버리기

실수했다는 사실에 집중하며 괴로워하기보다 다음에 보완할 부분을 생각해요. 오히려 실수를 탄탄하게 기초를 쌓는 기회로 활용할 수 있어요.

3. 셀프 칭찬하기

잠들기 전에 오늘 하루 동안 내가 잘한 일, 나의 긍정적인 면을 떠올려 보세요. 아주 작은 일이라도 좋습니다. 긍정적인 생각이 쌓이면 행동으로 이어지고 게으른 완벽주의를 벗어날 수 있어요.

4. 현실적이고 구체적인 목표 세우기

애매하게 "오늘 책을 봐야지"가 아니라 "10~12시에 책을 3단원까지 봐야지" 이렇게 눈에 그려지는 목표를 세워요. 사소해도 괜찮습니다. 그렇게 목표에 도달하는 경험을 쌓는 거예요.

5. 과정을 소중히 여기기

목표를 이루기 위해 노력하는 과정에서 무엇을 얻었는지 떠올려보세요. 결과와 별개로 모든 경험은 내 안에 쌓여 인생에 보탬이 됩니다.

나도 몰랐던 미숙한 마음 4.
애정결핍

"어떻게 나한테 그럴 수 있어?"

✦

　자기주장이 강하고 고집이 세고 관심과 사랑을 받는 것이 매우 중요한 사람, 또는 늘 끙끙 앓는 소리를 내며 자신이 약하다는 걸 자주 어필하고 부정적인 말을 많이 하는 사람, 또는 어딘가에 계속 중독되어 살아가는 사람들이 있습니다.

　우리가 성장 과정에서 적당한 보살핌과 사랑의 표현, 지지와 공감과 같은 건강한 상호소통을 잘 경험하지 못하고 컸다면 결핍을 가질 수 있습니다. 애정의 결핍, 인정의 결핍, 보살핌의 결핍, 안정감의 결핍 등 다양한 결핍이 있지요.

　결핍을 이야기할 때면 늘 부모들이 죄인이 됩니다. 그렇지만 우리가 하나 알아두어야 할 것은, 세상에 완벽한 부모는 없고 불편한 상황에서도 쉽게 평정을 되찾을 수 있는 안정애착을 형성하는 부모보다 불안정애착을 형성하는 부모가 훨씬 많다는 겁니다. 그것을 극복하면서 끊임없이 성장해 나가는 게 또 우리 인생의 묘미죠.

꼭 부모와의 애착관계 때문이 아니라 아이가 공격적이고 예민한 성향을 타고났거나, 애정 욕구가 크고 유대감과 친밀감의 욕구가 큰 기질이라면 결핍이 있을 수 있습니다. 부모가 공감을 해줘도 공감으로 받아들이지 못하는 경우가 있고, 사랑과 친밀감의 기준이 워낙 높아서 그걸 다 채워주기가 매우 어려울 수도 있어요. 그런 아이들은 부모의 작은 표정에도 민감하게 상처를 잘 받기 때문에 타고난 기질과 맞물려서 결핍이 생길 수 있습니다.

앞서 말했듯 사랑받고 싶고 인정받고 싶은 건 인간의 본능적인 욕구이기 때문에 전부 다 병적인 애정결핍으로 볼 수는 없어요. 병적인 애정결핍은 정상 범주 이상으로 사랑에 굶주린 거죠. 허기진 거예요. 계속 채워도 끝이 없는 거예요. 그래서 최대한 많은 사람에게 사랑받고 싶어 하고 내가 아는 모든 사람에게 수용되고, 인정받고 싶어 합니다.

애정결핍은 크게 3가지로, 첫 번째는 '나는 잘났다' 유형입니다. 나르시시즘, 자기애성 성격, 자아도취형이라고도 하죠. 아마 이 유형에 해당하는 분들은 이 글을 보기가 좀 불편할 거예요. 자신의 어두운 면을 마주하고 인정하기가 굉장히 어려운 유형이거든요. 제 채널에도 제일 많은 악플이 달리는 영상이 바로 나르시시즘에 대한 영상입니다. 저 그거 올릴 때는 아예 욕먹을 준비부터 합니다. 벌써 책을 덮으신 건 아니죠?

두 번째는 '나는 못났다' 유형이에요. '나는 약하고, 그래서 당신이 필요하다'라고 말하는 사람들입니다. 그리고 세 번째는 중독에 빠져 사는 사람들입니다. 물론 이 세 유형이 섞여 있을 수도 있습니다.

애정결핍 유형 1.

나는 잘났다

우리는 흔히 애정결핍을 사람 졸졸 따라다니고 집착하는 사람들로 생각하기 쉬운데 전혀 그렇지 않습니다. 오히려 아주 독립적이고 자존심도 세고 권력을 좋아하고 자신감에 꽉 찬 사람 중에도 애정결핍이 많아요. 이런 유형의 성격을 자기애성 성격이라고 합니다. 자기애성 중에서도 '웅대성 자기애'라고 해요. 일명 '나르시시스트'라고 불리죠.

'나는 잘났다'라고 생각하는 첫 번째 유형이나 '나는 못났디'라고 생각하는 두 번째 유형이나 공감능력이 부족합니다. 이때 공감능력은 상대방의 기분을 느끼는 것이 아니라 상대방의 입장에서 생각하는 것을 말합니다. 나르시시스트 중에도 민감한 성향은 뛰어나게 공감하거든요. 그런데 기분 좋은 공감이 아니라 느끼고 싶지 않은데 상대방의 감정이 침투되어 들어오는 기분 나쁜 공감입니다.

이들은 자신에게만 신경을 써요. 결핍으로 생긴 상처를 치유하고 계속 채우려는 본능 때문입니다. 누군가와 인간관계를 맺을 때도 진정한 의미의 상호작용이 아니라 나에게 박수쳐줄 대상을 찾아요. 나를 우러러봐 주고 나의 의견에 항상 동의해 주고 절대로 나를 비판하지 않는 사람, 나에게 감탄해 주는 사람이 필요하기 때문에 관계를 맺는 거지, 진정한 의미에서 깊이 있는 인간관계는 잘 맺지 못합니다.

자신을 인정해 줄 만한 사람에게는 상당히 호의를 베풉니다. 자신을 칭송한 것에 대가를 지불하는 거예요. 그래야 다음에도 칭송받으니까요. 선물과 칭찬과 호의로 내 사람을 만들고, 좀 친해졌다 싶을 때 내 의견을 강하게 주장하며 나의 잘남을 주입시키고 상대방을 통제합니다. 본인이 그런 이유로 관계를 맺는다는 건 잘 몰라요. 무의식적이니까요.

물론 이들도 누군가에게 호감을 느낍니다. 누군가를 좋아하고 사랑하기도 해요. 그렇게 처음에는 사랑을 주기도 하지만 시간이 흐를수록 사랑을 더 받고 싶어 해요. 내가 무엇을 해줄지가 아니라, 내가 어떻게 보일지가 굉장히 중요하거든요. 사랑을 준다면 '나는 너에게 이만큼 희생하고 사랑을 주는 사람이야'라는 것을 어필하는 마음이 꽤 있을 거예요. 상대방이 알아주지도 않는데 순수하게, 주는 그 자체가 좋아서 사랑하기는 어렵다는 뜻입니다.

이들은 남에게 인정받기 위해서 뭐든지 해요. 희생하고 헌신하고 완벽을 추구하고 뛰어난 성과를 내고 외모도 잘 꾸미고 선물도 잘하고 관심도 잘 줍니다. 그래서 대부분 호감형이고 겉보기에도 멋있습니다. 그런데 이 모든 건 '인정받고 사랑받기 위한 욕구' 때문인 것이죠. 자기 내면에는 스스로를 인정하고 공감해 줄 자기 가치감이 없기 때문에 외부에서 인정을 취하려고 해요.

또 이들은 남을 잘 험담합니다. 남이 나쁘면 나는 저절로 그 사람보다 좋은 사람이 되기 때문에 험담을 할 수 있어요. 그런데 상대방에게서 자꾸 어떤 결점이 보인다는 건 그 결점이 내 안에 있기 때문일 수 있거든요. 그게 보이면 거슬리는 거예요. 내 안에 결점을 인정하지 못하는 사람이기 때문이죠. 이 내용은 바로 다음 장에서 이야기할게요.

그렇게 자신을 과도하게 치켜세우고 타인을 깎아내려서 상대방에게 알게 모르게 상처를 줍니다. 그래서 누구와도 친밀한 관계를 맺지 않아요. 비즈니스 관계는 아주 나이스할 거예요. 잘 웃고 호탕하고 리더십 있고 쿨합니다. 그런데 깊이 있는 애착관계에서는 전혀 그렇지 못합니다. 벽을 치고 어느 이상 다가오지 못하게 하거나 통제하고 집착하면서 수시로 싸울 수 있습니다. 물론 본인은 사랑한다고 하겠지만 상대방을 내 뜻대로 통제하려는 마음은 진정한 사랑이 아니잖아요. 나를 충분히 사랑해 주지 않았던 부모 역할을 해줄 사람을 찾는 것뿐이죠. 애인이나 친구, 배우자, 자녀에게서 계속 결핍을 채우려고 합니다. 자신보다 주변 사람을 힘들게 하는 유형이에요. 진정한 사랑이란 같은 눈높이에서 서로 감추는 것 없이 스스로를 개방하고 동등하게 대하는 것인데, 이들은 자기가 위에 있고 상대방이 자기보다 못하다고 생각해요.

뭐든지 자기 뜻대로 하기 때문에 자유분방한 사람인 것 같지만 사실 그렇지 않아요. 자기 진짜 모습을 보이지 않고 그저 멋지고 잘난 사람으로 자신을 포장한 다음 남의 칭찬에 의존해서 살아가죠. 그러니 겉보기에는 독립적이고 강해 보이지만 사실은 타인의 관심과 인정에 의존해서 살아가는 의존적인 애정결핍인 거예요. 흔히 이런 사람을 보고 '지 잘난 맛에 산다'라고 생각하지만 오히려 결핍에서 나온 절박함의 표현입니다. 사실은 안쓰러운 사람이죠. 남의 인정을 받는데 엄청 몰두하지만 진정한 만족은 결코 맛보지 못합니다.

또 이들은 늘 자기가 승리자여야 하고 지배하고 성취하기를 좋아해요. 지면 못 견딥니다. 자신의 능력과 성과를 과시하고 과장하는 것을 좋아합니다. 사람들 사이에서 자신이 빛나야 하고 자기 주장을 해야 합니다. 자기보다 다른 사람이 더 관심받으면 이상하게 기분이 침체될 거예요. 우두머리가 되고 싶어 하고 실제로 능력이 없더라도 일단 능력이 있다고 말합니다. 말로는 못하는 게 없어요. 다 할 줄 안다고 하죠. 그리고 남의 비판이나 충고는 거부합니다. 아, 지금 이 책 찢으신 거 아니죠…?

애정결핍 유형 2.

나는 못났다

두 번째 유형은 웅대성 자기애와 반대인 '취약성 자기애'

에요. 어릴 때 일부러 실수하거나 부족한 모습들을 보이면서 부모의 걱정을 유발하려고 했을 수 있어요. 부모가 그럴 때만 자기에게 관심을 주었던 것이죠. 잘하면 신경 써주지 않았는데 자기가 속상해하고 위축되면 그 방식이 부정적이든 긍정적이든 자기를 봐주는 거예요. 그래서 이들에게는 그런 돌봄만이 사랑으로 인식되어 있어요. 자신이 성공하면 부모가 관심을 주지 않을 거라고 생각하기도 하죠. 무의식적으로 무엇을 자꾸 실패하려고 할 수도 있습니다. 몸이 여기저기 아프고 체력도 많이 약하다고 느낄 수 있고요. 아프고 약한 것만이 내가 살아남는 길이고 관심받는 방법이니까요.

자신을 약하고 못났다고 생각하는 사람은 자기애와 거리가 멀어 보이는데 이런 유형을 왜 취약성 자기애라고 할까요? 이것도 자기 자신에게만 지나치게 몰두되어 있기 때문이에요. 나의 못남에 집중한 것이죠. 남에게는 나의 잘남이나 못남이 그렇게까지 중요하지 않아요. 그런데 나에게는 마치 자신이 우주의 전부인 것처럼 나의 말 하나, 행동 하나가 너무나 크게 다가오는 거예요. 결핍이 있는 사람은 충분한 관심을 받지 못하고 컸기 때문에 자기 자신에게 계속해서 몰두된 상태로 살게 됩니다. 부정적으로라도 말이죠.

이 사람들은 자신을 잘 드러내지 못하고, 축하나 칭찬을 받으면 상당히 어색해합니다. 남의 박수를 견디지 못하고 사랑받을 줄 모르죠. 그래서 자기 생일조차 남에게 잘 말하지 않거나 아주 소박하게 치르고 지나갑니다. 누가 나에게 애정을 줄 때 가급적 그 상황을 피하려고 하고, 만약 피할 수 없는 상황이라면 애써 스스로를 비하하고 모욕하거나 상대방과 싸움을 일으킴으로써 그 상황을 무마시키려고 합니다.

제가 초등학생 때 좀 그랬어요. 생일 당일에도 아무한테도 말 안 했어요. 제가 축하해 준 친구는 많았지만 제 생일에는 말 안 하고 집에 온 적도 꽤 있었어요. 말을 못 하겠더라고요. 지금도 유난 떨면서 축하받으면 이상합니다. 축하에 쓰는 돈이 아까운 거 같아요. 누가 예쁘다고 해도 다 거짓말한다고 생각했어요. 그저 할 말이 없어서 하는 말이라고 생각했어요. 그리고 괜히 괴짜 같은 행동, 모자라 보이는 행동을 하면서 부족한 사람으로 비춰지게끔 살았어요. 지금 생각해 보면 나의 그 엉뚱하고 바보 같은 행동으로 선생님들의 관심을 끌고 친구들에게 거부감 없이 재밌는 사람으로 관심받고 싶었던 거 같아요. 그래서 달리기 시합을 하면 일부러 항상 꼴등을 했어요. 그게 제 마음이 편해서요. 열심히 달리는 친구를 먼저 보내고 제가 나중에 들어오는 게 훨씬 제 마음이 안정적이었죠.

이 유형은 자기는 남을 만족시킬 수 없고 훌륭하지 않다고 굳게 믿고 살아요. 자기가 거부당하고 비판받아 마땅한 부족한 사람이라고 생각하면서도 막상 잔소리나 비판을 들으면 견딜 수 없이 괴로워합니다. 나는 나를 그렇게 비난하면서도요. 그리고 불행이 더 편하다고 느끼기도 합니다. 무슨 일이든지 나는 잘할 수 없고, 누군가 내게 일을 맡긴다면 다 나를 과대평가해서 무리한 요구를 하는 것이라고 생각합니다. 사람들은 이들을 겸손하다고 생각해서 도와주고 싶어 하고 조언해 주려고 애를 씁니다. 끙끙 앓는 소리를 내며 힘들어하니까요. 하지만 매사 부정적으로만 보면서 늘 못한다는 말만 하는 사람과 계속 함께하기에는 어려움이 있어요. 그렇게 관심을 끄는 것은 길면 중학생까지만 먹히는 겁니다.

'나 잘났다' 유형과 마찬가지로 '나 못났다' 유형도 진실하고 깊이 있는 애착관계를 지속적으로 맺기가 어렵습니다. 상대방은 위로와 칭찬을 주지만 전혀 받아들일 줄 모르고 계속 스스로를 무가치한 존재라고 말하기 때문에 옆 사람은 지치고 절망감을 느껴요. 사실 마음 깊이 들어가 보면, 나는 부족하다고 말하면서 상대방의 입에서 "아니야. 네가 얼마나 괜찮은 사람인데"라는 소리가 나오길 바랄 거예요. 나도 모르게 말이죠. 그 말을 계속 듣고자 나의 나약함을 주장할 수 있어요. 또는 '나는 이렇게 겸손하고 자기성찰을 잘하는 사람이야'라는 도덕적 우월감을 통해 자존감을 느끼고 싶은 것일 수도 있고요. 그렇게 계속 자신의 못남을 주장하면서 타인의 진심어린 위로를 무력화합니다. 사람들은 얼마 지나지 않아 알게 돼요. 누군가의 위로와 진심이 먹히지 않는 상당한 고집쟁이라는 것을요. 그러면 그 다음부터는 진심을 주지 않겠죠.

그래서 인간관계가 어렵습니다. 내가 불쌍해 보일 때, 내가 못났을 때 주목받는다는 도식을 가지고 있기 때문에 나약한 모습으로 살아가는 게 나도 모르게 습관이 되어 버렸죠. 늘 위축되고 우울하고 두려워하는 모습을 보입니다. 그런 사람을 지속적으로 독려해 줄 사람을 만나기란 쉽지 않아요. 채울 수 없는 것을 채우려고 하며 살기 때문에 이 결핍도 악순환의 고리로 돌고 돕니다.

애정결핍 유형 3.

중독형

결핍이 있으면 무언가에 중독될 수 있습니다. 중독은 채워지지 않는 욕구 때문에 생겨요. 보통 그 중독 행동이 너무 좋아서 빠져든다고 생각하지만 사실 원인은 한마디로 '결핍'이고 현실 불만족입니다.

자기 안에는 자기를 채워 줄 내적 자원이 없기 때문에 외부에서 힘을 찾아요. 사람이든, 일이든, 외모든, 뭐든 말이죠. 그래서 수치심이 깊고 열등감이 크며 결핍이 있는 사람일수록 그토록 자신의 능력을 증명하고 꾸미는 데 집착하게 됩니다.

그럼에도 자기를 채워줄 것을 찾지 못했을 때는 굉장히 고통스러워하고 수치심을 느낍니다. 따라서 자기 조절을 위해 알코올중독, 약물중독, 성중독, 폭식, 일중독, 도박중독, 니코틴중독, 게임중독, 스마트폰중독과 같은 것에 빠지게 됩니다.

만약 한 가지 중독 행동을 고쳤다 해도 사실 그건 다른 중독으로 옮겨갔을 확률이 높아요. 술에서 게임, 게임에서 포르노, 포르노에서 도박, 이런 식으로요. 아니면 몇 가지 이상의 중독을 동시에 겪기도 합니다.

이 중독을 치료하려면 건강한 인간관계가 꼭 필요해요. 결국 나를 조절하는 힘을 찾지 못했고 현실이 불만족스럽기 때문에 다른 데 의존하는 거잖아요. 내 공허함을 채우고 싶기 때문에 어딘가에 빠져 산다는 거예요.

어렸을 때 안정된 애착을 형성한 사람은 자기조절능력이 있습니다. 자기 내부에 힘이 있어서 스스로를 통제할 수 있고 공허함을 잘 느끼지 않아요. 어딘가에 미쳐서 정신을 쏟아내지 않아도 그냥 나 자체로서 만족감을 느껴요. 그런데 결핍이 있는 사람은 어렸을 때 공감, 수용, 자유, 교감 이런 것이 부족했기 때문에 자기조절 능력이 떨어지는 거예요. 나를 조절하는 능력은 건강한 애착관계에서 나오거든요.

나를 채울 수 있는 사람은 오직 나뿐

✦

애정결핍의 경우 완전한 치료는 어려워요. 타고난 기질과 성장 배경, 부모의 양육 태도 등 많은 것이 맞물려 지금의 내가 만들어졌고 그것은 바꾸기 쉽지 않습니다. 다만 지금보다 성숙해질 수는 있어요. 누구에게나 크고 작은 결핍이 있습니다. 그걸 끌어안고 사람답게 살아가면 되는 거죠.

애정결핍 미숙이를 위한 처방 1.
자아성찰하기

애정결핍을 끌어안으려면 내 문제를 아는 것이 가장 중요합니다. 자아성찰을 하는 거예요. 쉽지는 않지만 꼭 필요한 작업입니다. 아무리 부끄럽고 수치스러워도 나의 내면과 마주보는 성찰을 해야 합니다.

프롤로그에서 고백했듯이 저도 애정결핍이 있어요. 끝내주게 세련되고 티 안 나는 애정결핍이요. 그래서 저는 애정결핍의 심정을 너무나 잘 이해하고, 이러한 증상을 가진 사람들을 보면 마음이 아픕니다. 애정결핍에 관한 전공서적을 다 읽었던 그날 저는 30분가량 카페에서 펑펑 울었어요. 덕분에 제 문제의 실마리가 풀렸지만 그런 나를 마주하기는 괴로웠으니까요. 이처럼 성찰은 결코 유쾌하지 않습니다. 쓰라리고 비참합니다. 그렇지만 나를 마주해야 달라질 수 있어요.

저는 그렇게 제 모습을 외면하고 살다가 심리학을 공부하면서 제가 얼마나 인정에 목마른 사람인지 알게 되었고, 그런 제 자신을 모른 척하지 않기로 했어요. 성과가 잘 나오지 않거나 권위자에게 인정받지 못하면 잠을 못 이루고 가슴에서 분통이 터지는 제 자신을 팽팽하게 제 앞에 세워놓고 봤습니다. 너무 수치스럽고 비참했어요. 그때 저의 카톡 프로필 문구가 '어쩌다 마주친 밑바닥'이었어요. 저의 밑바닥을 외면하지 않고 스스로 부드럽게 받아들일 때까지 팽팽하게 마주 보기로 작정한 것이죠.

그렇게 6개월 정도 지나니 점점 그 인정에 목마른 녀석이 불쌍해 보이면서 약간 정감이 가더라고요. 그렇게 꼴도 보기 싫더니 이제는 미운 정 고운 정 다 들어서 제가 사이좋게 데리고 가야 하는 단짝으로 받아들여진 것이죠. 그러고 나니까 신기하게도 그 녀석이 그렇게 기승을 부리지 않았어요. 저는 가끔씩 그 녀석이 고개를 들 때마다 혼잣말을 했어요.

"그 사람이 나를 싫어한다는 증거 있어?"

"그 사람이 나를 인정하지 않았다고 해서 나의 가치가 없어지는 거야?"

"내가 꼭 모든 사람에게 인정과 사랑을 받아야 해?"

"나도 모든 사람을 인정하는 건 아니듯이 사람마다 훌륭함과 사랑스러움의 기준은 다르지."

이렇게 저는 타인의 인정과 사랑으로부터 조금씩 독립하기 시작했습니다. 그저 제 자신을 마주 보고 이해해 주기만 했는데 말이죠.

지금도 가끔 어떤 결정을 내리고 행동할 때 주변의 소리가 신경 쓰이면서 '이랬다가 그들이 나를 미워하면 어쩌나? 나를 욕하려나?' 이런 생각이 올라와요. 그때마다 저는 혼잣말을 합니다. "욕하려면 욕해라. 욕은 아무리 먹어도 살이 안 찐다. 그게 당신의 생각인걸 제가 어쩌겠습니까" 하면서 더 이상 타인의 애정을 갈구하지 않습니다. 타인의 인정과 수용에 목매지 않아요. 주면 고맙고, 안 줘도 상관없죠.

건강한 애착관계 맺기

어렸을 때 부모와 안정애착 관계를 맺지 못했던 성인이라도 어느 정도 건강한 관계는 맺을 수 있어요. 그런데 문제는 애정결핍인 사람, 특히 첫 번째 유형인 웅대성 자기애의 경우 그런 관계를 맺기는 아주 힘들다는 거예요. 그래서 상담치료를 권장합니다. 모든 상담사가 다 훌륭하다고 말할 수는 없어요. 그건 교사나 의사도 마찬가지잖아요. 그런데 선생님이 별로라고 공부를 안 할 수 있나요? 의사가 별로라고 치료를 안 받을 수 있어요? 그럼 내 손해죠. 학원을 바꾸고 병원을 바꿔서라도 우리는 할 일을 합니다. 마찬가지로 상담사를 만났는데 너무 별로라면 '다시는 받지 않겠다'가 아니라 다른 사람으로 바꿔서 받아보는 거예요.

그리고 상담사와 문제가 생기는 게 어쩌면 더 좋은 신호일수도 있어요. 어떤 역동이 작용하고 있다는 뜻이니까요. 순탄하지 않았던 나의 인간관계를 상담사와 똑같이 재연하고 있는 거예요. 그렇게 실타래를 풀다 보면 치료가 됩니다. 지금까지는 실패했지만 상담사와는 갈등을 풀어나가면서 진정성 있는 관계를 경험하고 학습하는 거예요.

무조건 다 받아주고 편안하게만 해주는 것이 좋은 상담사는 아니에요. 다 받아주는 엄마가 좋은 엄마가 아닌 것처럼 말이죠. 상담사는 내담자를 적당히 좌절시키기도 합니다. 특히 취약성 자기애를 가진 내담자는 상담사에게 의존하기 때문에 종결로 갈수록 그 탯줄을 끊어내는 작업을 의도적으로 하기도 합니다. 그 과정에서 상처를 받는다고 해도 해야 하는 일이에요. 물론 그 상처받은 마음을 다 솔직하게 말하고 나누면서요. 그렇게 상처를 극복하고 일어서는 경험까지 해봐야 하죠.

그래서 상담사와 싸우기도 하고 상처도 받고 실망도 해요. 그렇게 하면서 어떻게 건강하고 진실한 인간관계를 맺는지를 스스로 터득하는 거예요. 치료를 받다가 문제가 생겼다면 그만두고 회피하기보다는 싸우면서라도 치료를 이어가 보세요. 그렇게 해서 내가 좌절하는 지점은 어디인지, 어떻게 사람하고 애착관계를 맺는지 그 원리를 알면 다른 사람과도 건강한 관계를 맺을 수 있습니다.

알프레드 아들러(Alfred Adler)는 열등감이 사회적 결핍에서 온다고 말했어요. 반대로 말하면 진정한 관계는 많은 것을 치료합니다. 상대방을 도구가 아닌 존재 자체로 존중하고 사랑할 때 나도 자연스럽게 그런 대우를 받고, 다른 사람이 되려고 애쓰지 않으며 편안함을 느낄 수 있습니다. 나 혼자서도 편안하고 함께 있어도 편안한 관계가 진짜 건강한 관계죠.

애정결핍 미숙이를 위한 처방 3.
가까운 사람들에게 고백하기

애착관계를 맺는 사람에게 솔직하게 고백하세요. "나는 애정결핍이 있고 그래서 이런 성격이야" 하고 꽁꽁 감춰둔 내 결핍을 겉으로 표출하는 겁니다. 가까운 사람에게 고백하면 한결 자유로워질 수 있어요.

결국 내가 애정결핍이라는 걸 인정하지 않으면 상담사나 배우자나 친구나, 좋은 관계를 맺는다고 해도 크게 완화되지 않을 수 있습니다. 그들의 사랑은 내가 어릴 때 받아야 했던 부모의 사랑과는 다르잖아요. 아무리 좋은 상담사나 지인을 만나도 그 사랑을 다 채워줄 수는 없거든요. 그러니 그들에게 사랑을 맡겨놓은 듯이 기대하고 의존하지 말고 자신의 결핍을 고백하고 알려주면 서로 간에 일어날 갈등을 미리 방지할 수 있습니다. 내가 결핍이 있다는 걸 기억하고 성찰하며, 상대방과 진솔하게 마음을 나누고 건강한 애착관계를 맺는다면 한결 나아질 수 있습니다. 단, 애정결핍이라고 고백하면서 은근히 또 사랑을 구걸하면 안 되겠죠.

저는 아직 그 관계를 연습해 가는 사람이에요. 사랑받기 위해 과도하게 애쓰지 않고, 혼자서도 괜찮고 함께해도 괜찮은 관계, 연락이 오면 좋고 안 와도 서운하지 않은 관계, 나에게 관심을 주면 좋고 주지 않아도 괜찮은 관계.

그런데 말이 쉽지, 결핍이 있는 사람에게는 이게 정말 높은 산이에요. 제가 오죽하면 저를 떠난 친구 때문에 우울증에 걸려 죽을 생각까지 했겠어요? 타인의 사랑과 그 연결감은 저에게 있어 목숨을 유지해 줄 만큼 중요한 근간이었던 거죠. 그 사실을 병이 들어보니 알겠더라고요. 그렇지만 그거 정상 아니잖아요. 혼자서도 괜찮아야 하는 거잖아요. 저는 이제 건강하고도 진실한 애착관계를 만들기 위해서 계속 제 자신을 성찰합니다. 저의 은사이신 최지원 교수님과 그런 관계를 맺고 있는데, 제가 그분에게 그랬어요.

"교수님, 저는 헤어지는 게 너무 힘들어서 그 좋아하는 강아지도 안 키워요. 그런 제가 너무 사랑하던 친구랑 관계가 끊어졌잖아요. 저는 다시 실패하고 싶지 않아요. 너무 아팠어요. 그래서 사실 교수님이 실험 대상이시거든요. 교수님과의 관계를 통해서 건강한 관계를 배워나가는 중이에요. 제 스스로를 계속 돌아보면서요."

"음, 선생님. 원래 엄청 좋은 것만 샘플로 내놓는 거 아시죠? 샘플이 되는 좋은 관계를 만들어가 봐요."

"오! 교수님. 실험 대상은 취소할게요. 샘플이라는 좋은 말이 있었네요. 교수님이 샘플이 되어 주세요. 저는 어떤 지점에서 저의 관계가 실패했는지 정말로 알고 싶으니까 앞으로 제가 하는 짓이 뭔가 이상하다 싶으면 어려워 마시고 꼭 얘기를 해주세요. 예를 들어 연락이 너무 잦다, 쓸데없는 일상을 너무 공유한다, 상대방의 안부를 너무 궁금해한다, 선물을 너무 자주 한다, 징징거린다, 눈빛이 이글거린다, 칭송이 지나치다, 눈치가 없다, 너무 애기 같다 등등."

"이 리스트 재밌네. 그냥 애정이 넘치는 거잖아요. 과하다고 느낀 적은 없는데 만약에 그러면 얘기할게요."

그렇게 몇 달이 지났지만 아직 저는 과하다는 소리를 못 들어봤어요. 그리고 이제는 자주 만나거나 매일 연락하지 않아도 제 자신을 다스릴 수 있어요. 꼭 모든 것을 표현하지 않아도 서로 안에 서로가 있으니 그것으로 만족감을 느끼며 살수 있어요. 그렇게 혼자도 괜찮고 함께해도 괜찮고, 또 인정과 사랑을 받아도 괜찮고 아니어도 괜찮은 사람이 되어 가고 있어요. 여러분도 그렇게 될 수 있습니다. 내부에서 가치감을 찾을 수 있어요.

타인에게 공감하기

진정한 관계를 맺기 위해서는 사랑을 주는 것도 연습해야 하는데, 바로 공감을 통해서 할 수 있어요. 누군가 이야기를 할 때 그 사람 입장에서 공감하고, 상대방은 나와 다르다는 걸 그대로 인정하는 거예요. 상대방을 자유롭게 놓아 주세요. 사랑이라는 핑계로 내 틀에 가두는 건 집착이고 통제입니다. 있는 모습 그대로 너는 너답게, 나는 나답게 서로 다르다는 걸 이해하고 받아들이는 것이 사랑입니다.

함부로 조언하지 말고, 할 말이 없으면 그냥 상대방의 표정을 따라 하면서 듣기만 해도 좋아요. 내가 공감을 잘 못한다 싶으면 그냥 가만히 "음"만 하는 게 낫습니다. 상대방의

142

말을 듣다가 중요한 포인트만 똑같이 따라 말하면서 '반영'해 주는 것도 좋아요.

예를 들어 친구가 나에게 "오늘 부장이 나보고 뭐라는 줄 알아? 내가 답답해 죽겠대. 와, 나 진짜 퇴사할까 봐"라고 했을 때 공감능력이 부족한 사람은 "응. 퇴사해"라고 하든가 "네가 답답하게 굴었겠지"라고 하든가 "다음부터는 이렇게 해봐" 하며 조언을 할 겁니다. 그런데 '공감적 반영'을 한다는 건 상대방의 말끝을 간단하게 따라 말하는 겁니다.

"부장이 너보고 답답하대? 아, 진짜 퇴사하고 싶겠다."

딱 여기까지예요. 그 친구 말을 따라 하기만 하는 거예요. 나머지 상황 판단과 결정은 그 친구가 하는 거예요. 우리 모두가 알다시피 그 친구는 퇴사 안 하거든요. 이렇게 말을 따라 하기만 해도 격한 감정의 50퍼센트가 감소된다고 해요. 사랑받으려고 '나는 잘났다' 또는 '나는 못났다' 하면서 내 얘기를 구구절절 하는 것보다 이렇게 상대방의 이야기를 듣고 그 마음을 공감하는 게 훨씬 더 사랑받기 쉬운 길이에요.

그렇게 간단하게만 공감을 표현해도 상대방은 순간적으로 따뜻함과 친밀감, 진실한 위로를 얻을 수 있을 테니까요. 내 눈에는 보이지 않아도 상대방의 마음은 달라지고 있어요. 사랑받으려고 애쓰지 않아도 가까이 하고 싶고 사랑하고 싶은 사람으로 느껴지게 만들죠.

본인이 그렇게 자라지 못했기 때문에 어려울 수는 있는데, 그런 자신을 계속 인지하고 공감하려 노력하면 어느 정도 나아지거든요. 시행착오는 있을 거예요. 몸도 다치면 재활을 하면서 천천히 낫잖아요. 재활치료에는 고통도 당연히 따르고요. 쉽지 않지만 자꾸 노력하면 천천히 나아집니다. 이렇게 해서 진정한 상호작용의 의미를 알고, 깊이 있는 관계를 맺을 줄 안다면 삶의 많은 것이 달라질 수 있습니다.

저를 보세요. 전 진짜 공감할 줄 모르던 사람이었는데 지금 상담을 하고 있잖아요. 처음에는 저에게 말도 안 하고 모르쇠로 일관하던 내담자가 갈수록 먼저 질문하고, 말도 길어지고, 감정을 토로하고, 점점 더 자신감 있고 또렷하게 자기할 말을 해나가는 걸 보면 공감의 위력은 정말 대단하다고 생각해요. 상대방으로 하여금 더 말하고 싶게 만들고 더 마음을 열고 싶게 만드는 능력이 '공감적 대화' 안에 있거든요.

저의 대인관계 샘플이신 최지원 교수님과의 관계에서 예전에는 저만 아픔을 털어놓았다면, 이제는 교수님도 자신의 문제를 저에게 털어놓아요. 그것 참 기분이 좋습니다. 이제 상호소통이 되는구나 싶어요. 한번은 저랑 밤늦게 한 시간을 통화하면서 교수님이 여러 어려움을 말씀하셨어요. 전화를 끊을 때 제게 그러시더라고요.

"이렇게 늦은 시간까지 제 얘기를 들어주셔서 감사해요, 선생님."

"네? 교수님, 말은 바로 하셔야 해요. '들어주셔서'에서 '주' 자는 빼셔야죠. '주'는 그런 데다 붙이는 게 아니에요. 저는 '들어준' 게 아니라 '들은' 거거든요. 저는 교수님께 준 적이 없어요. 지금까지 계속 받기만 했어요. 이런 이야기를 듣고 있는 것도 다 제가 교수님께 관심이 많으니까 진짜로 궁금해서 듣고 있는 거고, 그러니 다 저를 위한 거예요. 제가 교수님께 뭐라도 된 거 같아서 얼마나 좋은데요. 그러니까 '주' 자는 그런 데다가 붙이지 마세요."

"준 적이 없고 받기만 했다는 말이 참 듣기 좋네요?"

"앞으로 저와의 톡방을 흡연소라고 생각하시고 힘들 때 담배 이모티콘 하나 딱 올려주시면 제가 맞담배 태워드릴게요. 항상 열려 있는 흡연소입니다."

"은유적인 표현이지만 항상 열려 있는 흡연소가 있다니 진짜 든든하고 힘이 되네요."

"네. 제가 니코틴이라고 생각하시면 돼요. 저 많이 컸죠? 이제 거의 어른입니다."

"암요. 알죠. 요즘에 저 바쁘니까 배려한다고 연락 잘 안 하시는 것도 알고 있고요."

"역시, 이제 저를 다 파악하셨군요. 저 혼자 조용히 잘 놀고 있을 테니까 바쁜 일 잘 마무리하세요. 제가 우울의 홍수에 빠져 있을 때 교수님은 저의 방주가 되어 주셨는데, 제가 역량이 안 돼서 방주까지는 못 되어도 구명조끼 정도는 되어 드릴게요."

진실한 마음으로 상대에게 관심을 갖고 서툴러도 진솔하게 공감하고 대화하다 보면 어느새 상대방과 깊이 있는 관계를 맺을 수 있게 돼요. 진심으로 상대방을 생각하고 배려하는 마음이 생기고, 나 자신도 성장해요. 내가 하고 싶은 말만 주야장천 늘어놓거나, 내 주장만 밀고 나가거나, 나에게만 관심을 달라고 하는 어린아이식의 관계에서 상호소통하고 깊이 있게 교류하는 성숙한 관계로 발전할 수 있어요. 더 이상 누군가의 애정에 의존하거나 집착하지 않을 수 있답니다.

애정결핍 미숙이를 위한 처방

1. 자아성찰하기

타인의 인정에 목마른 내 모습을 솔직하게 마주하고 인정해야 합니다. 그 과정은 결코 쉽지 않지만, 나 자신을 들여다보고 이해하는 것만으로도 타인의 인정으로부터 독립할 힘이 생겨요.

2. 건강한 애착관계 맺기

상담치료를 통해 건강하고 진솔한 인간관계를 맺어 보세요. 상담사와 싸운다 해도 괜찮아요. 상처를 극복하는 과정을 함께 경험하면서 관계 맺는 방식을 새롭게 배우는 거예요. 꼭 상담이 아니어도 신뢰할 만한 지인과 진솔한 관계를 맺어나가는 것도 큰 도움이 됩니다.

3. 가까운 사람들에게 고백하기

건강한 애착관계를 맺고 싶은 가까운 사람들에게 내가 가진 결핍을 솔직하게 고백해요. 자유로워지는 것은 물론이고, 그 사람들과 더욱 진실한 애착관계를 맺을 수 있어요.

4. 타인에게 공감하기

상대방의 표정을 따라 하거나 중요한 포인트만 따라 말하면서 공감을 표현해 보세요. 일방적으로 관심을 요구하는 관계에서 상호소통하는 성숙한 관계로 발전할 수 있어요.

나도 몰랐던 미숙한 마음 5.
타인을 미워하기

"징징거리는 쟤가 너무 싫다"

·····································

✦

제가 아침마다 집 앞에 있는 운동장에서 산책을 하는데 늘 저와 같은 시간에 같은 길을 걷는 아주머니 세 분이 있어요. 저는 그분들의 자녀가 몇 명인지, 손주는 몇 명인지, 어제는 어디 가서 무엇을 샀는지도 다 알고 있답니다. 아침마다 라디오 듣듯이 라이브로 들어요. 듣고 싶었던 건 아니에요. 볼륨이 워낙 높아서 뚫려 있는 제 귓구멍으로 할 수 없이 소리가 들어오는 거죠.

그중에서 '남희(가명)'라는 아주머니가 가장 말이 많고, 대화를 주로 이끌어요. 무언가를 가르치고 정보를 주고 고집도 있고 말수도 많습니다. 다른 아주머니들은 리액션을 담당하고 있어요.

그런데 어느 날 새로운 아주머니가 나타났어요. 남희 씨보다 말이 더 많고 고집도 더 세고 목소리 볼륨은 더 높고 더 많이 가르치더라고요. 딱 보니 우리 남희 씨가 굉장히 거슬려 하겠다 싶어서 제가 다 신경이 쓰였어요. 아니나 다를까, 그 뒤로 남희 씨가 말이 없어졌어요. 리액션을 담당하던 한 아주머니가 그러더라고요.

"오늘 남희 씨가 유독 말이 없네? 어디 아파? 왜 이리 힘이 없어?"

"⋯⋯."

저는 왜 그러는지 알겠는데 말이죠. 남희 씨는 새로 등장한 그 아주머니가 너무 맘에 안 드는 거예요. 그분만 등장하면 단번에 저기압으로 떨어지면서 말할 맛이 딱 떨어진 것처럼 보였어요. 그러다가 그분이 먼저 가면 남희 씨가 다시 활발하게 말하더라고요. 꼴 보기 싫었던 거죠. 빨리 좀 집에 갔으면 좋겠는 거예요.

그런데 옆에서 제가 볼 때는 남희 씨랑 그 아주머니랑 둘이 진짜 성격 비슷하거든요. 그러니 둘이 서로 맘에 안 들겠죠. 사람은 이상하게 꼭 자기 같은 사람을 안 좋아하고, 자기와 반대되는 사람을 좋아하고 그래요.

외면하고 싶은 내 모습

　유독 예민하게 거슬리는 사람이 있을 거예요. 그야말로 꼴보기 싫죠. 그런데 누구에게나 그 사람이 별꼴일 거 같지만 사실 알고 보면 다른 사람에게는 그렇지 않은 경우가 많아요. 친구와 그 사람에 대해서 험담을 한다 해도 친구는 나에게 맞춰주느라 같이 욕해 주는 거지 사실은 나만 굉장히 열내고 있을 수 있거든요. 내 눈에는 왜 그 사람이 유독 거슬리고 꼴 보기가 싫을까요? 이 주제로 올렸던 영상에 달린 댓글부터 공유할게요.

　"요즘 자기주장이 강한 사람들 때문에 불편한 상황을 많이 겪고 있어요. 화도 나고 자책도 하고 불안장애까지 오는 지경이 되었습니다. 잘 생각해 보니 제가 주장이 강해서 다른 사람들을 상처 줬던 경우들이 근래에 많았는데 저의 그런 점을 봤나 봅니다. 비슷한 면이 있는 사람을 보면 잘못되었다고 생각했어요. 다른 사람들을 상처 주지 않으려면 고쳐야 하는데 왜 저럴까 싶어 분노가 차올랐던 것 같습니다."

"전 지나가다 길에서 고생하시는 노인이나 변화에 뒤처지는 사람들을 보면 그렇게 화가 나고 기분이 나빠져서 외면해요. 부모님이랑 어린 시절이 떠오르고 그때 느꼈던 미래에 대한 불안과 절망들이 생각나니까 너무 답답하더라고요. 그런데 저 역시 앞서가는 사람이 아니에요. 그래서 더 화가 나나 봐요."

몇 번 대화해 본 것도 아니고 잘 아는 사람도 아닌데 유독 짜증 나는 사람이 있나요? 다른 사람은 그 정도로 열 내지 않는 거 같은데 나만 그러는 거라면, 왜 그러는 걸까요? 무의식을 연구한 심리학자 칼 융(Carl Jung)은 이와 관련해 '그림자'라는 개념을 소개했어요.

그림자는 언제 생기죠? 사람의 앞에 빛이 있을 때 뒤로 그림자가 생겨요. 사람에게는 누구나 되고 싶은 모습이 있어요. 현재보다 더 나은 내 모습과 더 나은 미래를 꿈꾸면서 발전하고 싶어 합니다. 그래서 우리는 빛을 따라 바쁘게 달려가요. 즉 부족한 점은 고치려고 하고, 좋은 점은 개발시키려고 하고, 이것저것 배우고 노력해요.

그런데 그렇게 빛을 향해 가다 보면 자연스럽게 그림자가 드리워요. 어디에 생길까요? 나의 뒤에요. 뒤에 있기 때문에 나는 나의 그림자를 보지 못합니다. 앞에 있는 빛만 보고 바쁘게 달려갈수록 더욱 그렇죠. 빛이 강할수록 그림자도 깊어집니다. 융이 말하는 그림자는 내가 너무 싫어하는 내 모습, 그래서 무의식에 집어넣고 외면해 버린 내 열등한 부분이에요.

그림자는 무의식에 있기 때문에 평소에는 잘 인지하지 못해요. 그런데 어느 날 어떤 사람을 봤을 때, 어떤 사건을 만났을 때 굉장히 불쾌한 기분으로 내 그림자를 마주하게 됩니다. 아무 이유도 없이 동성의 누군가를 싫어하는 경우라면 나의 그림자를 봤을 확률이 높아요. 특히 동성의 자녀에게서 자꾸 화가 나는 부분이 있다면 대부분 그림자입니다.

예를 들어 나는 여자인데 주변 여자들 중에 특별히 싸운 것도 아니고 대화를 많이 해본 것도 아닌데 괜히 꼴도 보기 싫은 사람이 있어요. 그 여자에게 내 그림자가 투사된 거예요. 내가 숨기고 싶었던, 영원히 보고 싶지 않았던 내 열등한 모습이 그에게서 발견된 거죠.

참 미안한 말이지만 사실 나는 그 사람과 닮은 거예요. 다 닮은 건 아니고 나의 무의식에 있는 내 단점을 가진 사람인 거예요(물론 직접적으로 나에게 상처를 입혔거나 싸웠거나 괴롭히는 사람이라면 해당하지 않겠죠).

지각하는 사람을 상대하기가 너무 짜증이 난다면 내가 어렸을 때 지각하는 걸로 많이 혼났을 수 있어요. 징징거리고 투덜거리는 사람이 거슬린다면 내 안에 그게 억압된 것일 수 있어요. 구겨진 옷을 입는 사람, 흘리면서 먹는 사람, 머리가 헝클어진 사람을 보고 속으로 한심하게 생각한다면 나는 절대로 그러면 안 된다는 초자아에 짓눌린 것일 수 있고요. 내가 어렸을 때 유독 혼났던 부분을 가진 사람, 내가 열등하다고 생각하는 부분을 가진 사람, 내가 받아보지 못한 걸 누리는 사람 등 내 안에서 어떤 역동이 일어나기 때문에 그 사람이 싫은 거지, 아무 이유 없이 거슬리지 않습니다.

내가 나를 제일 모른다

인정하기 어려운가요? 말도 안 된다고 생각할 수 있어요. 나는 전혀 그런 사람이 아닌데 내 안에 그게 있어서 그 사람이 싫은 거라니, 이 무슨 엉뚱한 말인가요? 그런데 그림자는 무의식에 있기 때문에 내가 인지를 못 해요. 나에게 그게 있는지를 모른다는 말이에요.

그런데 남들이 볼 때는 보여요. 사람은 자기 자신을 가장 잘 안다고 생각하지만 사실은 자기가 제일 모른다고 해요. 나는 앞에 있는 빛을 보고 있으니 뒤에 있는 그림자가 안 보이는데 옆에서 다른 사람이 보면 빛도 보이고 그림자도 보이거든요. 그래서 나를 정말 알고 싶다면 나랑 같이 사는 사람, 나랑 친한 사람에게 물어봐야 합니다. 나와 가까운 사람이 볼 때는 내가 싫어하는 그 사람과 나의 닮은 부분이 보일 수 있어요.

직장에서 야무지지 못 하고 느릿느릿하고 주변 정리를 못 하는 사람을 보면서 유독 분노와 비난을 쏟아내는 친구가 있었어요. 왜 쓰레기를 보고도 치우지 않느냐고, 왜 음식을 먹고 흘린 것을 닦지 않느냐고, 왜 업무 처리를 야무지게 안 하냐고 화가 잔뜩 나서는 퇴근 후에 저에게 하소연을 하고는 했어요. 그 사람 때문에 천불을 내면서 직장을 그만두고 싶어 했죠. 실제로 그 친구는 정리 정돈을 잘하고 손이 빠르고 야무져요. 칼같이 약속을 지키고 시간을 어기는 사람을 보면 마음을 확 닫아버릴 정도로 싫어했어요. 그런데 제가 그 친구 집에 갔을 때 보니까 여기저기에 먼지가 참 많더라고요. 이불 정리도 하지 않았고요.

어렸을 때 느리고 실수가 잦고 지저분해서 많이 혼나며 컸는데 노력으로 자신을 바꾼 경우일 수 있어요. 야무지고 빠르고 깔끔한 사람이 되었지만 그렇지 않은 사람을 보면 보통 이상으로 화가 나고 스트레스를 받죠. 그 친구는 원래 깔끔하고 야무졌던 게 아니에요. 만약 그랬다면 먼지도 없었어야 해요. 물건만 깔끔하게 정리했을 뿐 원래 꼼꼼하게 청소하는 사람은 아닌 거죠. 그러면서 그런 사람을 볼 때 그렇게 발끈하고 스트레스 받는다는 건 그 친구 안에 여전히 느리고 답답한 모습, 지저분하고 야무지지 못한 모습이 열등감으로 남아 있는 거예요. 여전히 숨기고 싶은 부분이라 무의식에 꾹 눌러 담고 상당히 노력하면서 살고 있는데, 그게 남에게서 보이니까 화가 나는 거죠.

꼭꼭 숨겨둔 장단점을 발견할 기회

＊

이 그림자를 어떻게 해결해야 할까요? 융은 화해하라고 말합니다. 무조건 없애려고 하지 말고 '그 모습이 나에게 있었구나' 이렇게 인정하고 안쓰럽게 여겨주라는 말이에요.

타인을 미워하는 미숙이를 위한 처방 1.

투영의 법칙 이해하기

상대방이 꼴 보기 싫을 때 그 사람을 비난하지 말고 스스로 '내 그림자를 투사해서 거슬리는 거구나' 하고 인지해야 해요. 미운 요인이 100퍼센트 그 사람에게만 있는 게 아니라 나와의 역동에서 나온다는 것을 생각하는 거죠. 손뼉도 마주

쳐야 소리가 난다잖아요. 그 사람의 특징과 내 안의 그림자가 만난 결과라는 걸 알아야 합니다. 이렇게 내 안에 있는 것을 타인에게 비춰보는 것을 '투영의 법칙'이라고 해요.

누구나 지각하는 사람, 예의 없는 사람, 공격적인 사람을 싫어할 것 같지만 그렇지 않아요. 누구는 공격적인 사람을 보면 너무 짜증 나는데 누구는 심지어 부러워해요. 저런 공격성으로 자기주장을 잘하고 싶다고 생각해요. 누구는 지각하는 사람을 한심하다 생각하지만 누구는 신경 쓰지 않아요. 다양한 상황이 발생할 수 있다고 생각합니다. 누구는 예의 없는 사람을 보면 분노가 끓는데 누구는 그냥 귀여운 애교와 친근감의 표현으로 봐요. 사람마다 딱 건드려지는 부분이 있어요. 그건 상대방이 나빠서가 아니라 그 사람의 무엇이 나의 무엇을 건드렸기 때문이라는 걸 잊어서는 안 돼요. 그래야 내가 덜 힘들고 그 사람도 살릴 수 있어요.

타인을 미워하는 미숙이를 위한 처방 2.

그림자와 화해하기

빛을 향해 걸어가는 사람 뒤에 그림자가 지는 건 피할 수 없어요. 그러니 차라리 끌어안고 같이 가야 해요. '내 뒤에 열등하고 불쌍한 녀석이 하나 있지' 하고 화해하고 품어주는 거죠. 그렇게 그림자와 화해하고 받아준 사람은 자신의 열등함을 닮은 사람을 봐도 그렇게까지 화가 나지 않습니다. 이제 그 사람도 불쌍해 보이겠죠. 화해했잖아요. 그리고 상대방이 어떤 마음인지 더 잘 이해하게 됩니다. 사실은 그 누구보다 잘 알거든요. 그래서 그림자와 화해하고 받아들이는 것이 건강한 자기실현에 훨씬 더 도움이 됩니다.

여러분을 좀 받아주세요. 열등한 내 모습 안쓰럽잖아요. 얼마나 욕을 먹었으면, 얼마나 수치스러웠으면 무의식에 넣고 보지도 않았겠어요. 그런데 그것도 나잖아요. 나 아니면 누가 그 녀석을 받아주나요? 내 그림자와 화해합시다.

나의 장점도 보기

투영의 법칙을 이해하고 나의 그림자와 화해하면 반대로 나의 좋은 점도 상대방에게서 보여요. 나와 아무 상관이 없으면 그 점이 그렇게 좋아 보이지 않거든요. 내 안에 있는데 더 개발되길 원하는 점이 상대방에게서 부각되어 보이면서 부러운 거예요.

'나는 왜 이렇게 공감능력이 없을까? 저 사람은 참 친절하고 공감능력이 있어서 따듯하고 좋은 사람이네'라는 생각이 든다면 여러분 안에 그 따듯함과 공감능력이 있는데 아직 내가 원하는 만큼 발현되지 못한 거예요. 누구나 말 잘하는 사람을 부러워할 것 같지만 아예 관심도 없는 사람은 전혀 부럽지 않아요. 누구나 야무지고 똑똑한 사람을 부러워할 것 같지만 누구는 그게 전혀 눈에 들어오지도 않습니다. 약간 슬픈 이야기지만 전교 1등을 부러워하며 시기하는 건 전교 3등쯤 되는 학생이에요. 전교 꼴등은 1등이 전혀 부럽지도 않고 별로 대단하다고 생각하지도 않습니다. 오히려 더 재밌게 노는 친구들을 부러워할 겁니다.

긍정적이든 부정적이든 내 안에 있는 것이 타인에게서 보인다는 것을 기억하고 왜 그 사람 때문에 화가 나는지, 왜 그 사람이 부러운지 생각해 보세요. 그렇게 자기를 알아가면서 타인에게 화살을 돌리지 말고 자신을 돌봐주세요.

타인을 미워하는 미숙이를 위한 처방

1. 투영의 법칙 이해하기

누군가가 너무 밉다면 그 사람에게서 미숙한 나를 발견했기 때문이라는 사실을 기억해요. 투영의 법칙을 이해하면 타인에게 화살을 돌리며 미워하는 대신 나를 이해하고 돌볼 수 있어요. 타인에게도, 나에게도 건강한 방법입니다.

---

2. 그림자와 화해하기

남몰래 감춰두었던 미숙한 나를 보며 '내 뒤에 불쌍한 그림자 녀석이 하나 있지' 하고 그대로 보듬어 주세요. 자책하며 수치심을 주는 대신 따뜻하게 끌어안는 거예요.

---

3. 나의 장점도 보기

누군가가 너무 부럽고 매력적으로 보인다면 왜 그 사람을 부러워하는지 생각해 보세요. 그리고 내 안에 바로 그 장점이 이미 있다는 사실을 알아차려야 해요. 더 개발하고 싶은 자신의 장점입니다.

나도 몰랐던 미숙한 마음 6.
쉽게 상처받기

"지금 또 나를 무시한 건가?"

＊

소심한 사람이 상처를 잘 받는다고들 말하죠. 그런데 세상에 소심하지 않은 사람도 있나요? 상처를 전혀 안 받는 사람이 있나요? 어디 있는 거죠? 있으면 저는 꼭 한번 만나보고 싶어요.

우리는 모두 소심하고 서로 상처를 주고받으면서 삽니다. 다만 각자 상처받는 영역이 다른 것뿐이죠. 타고난 기질과 성장 배경, 현재 스트레스 상황에 따라서 각자 상처받는 종목이 달라요. 그러니 상처를 잘 받는 사람을 보고 손가락질할 수 없죠. 손가락질하는 그 사람도 어떤 다른 부분에 있어서는 쿨하지 못하거든요.

이처럼 상처를 주고받으며 사는 건 인간으로서 피할 수 없는 인생살이의 한 모습이지만 그 당사자는 마음이 굉장히 힘들어요. 특히나 내가 의지하고 좋아했던 사람에게 받은 상처라면 그 고통은 말로 다 표현할 수 없어요. 시간이 약이라고 하지만 그렇지 못한 경우도 있죠. 그래서 사람에게 유독 상처를 잘 받는 사람이라면 자기 자신을 지키기 위해서 마음을 깊이 들여다볼 필요가 있어요. 2가지 유형을 한번 살펴볼게요.

상처받는 유형 1.
사람에게 실망하는 사람

사람에게 자주 실망하고 깊은 상처를 받는 분들은 대체로 마음속에 상대방을 좋은 사람이라고 단정 지어 놓습니다. 그리고 그 사람을 위해 희생하고 노력하는 자기 자신의 모습을 만족스럽게 여기기도 합니다. 상대방이 나를 좋아하는 것 같으면 자신을 좋은 사람으로 여기고 상대방이 나를 싫어하는 것 같으면 자신을 못난 사람으로 여기기도 합니다. 내가 좋은 사람인지 나쁜 사람인지의 여부를 내부에서 결정하는 게 아니라 외부에서, 정확히는 타인이 바라보는 이미지에 따라서 결정한다는 것이죠.

자기 정체성이 분명하게 서 있고 자존감이 있는 사람은 타인의 말 한마디나 행동 하나에 크게 좌지우지되지 않아요. 남들이 뭐라고 하든지 내가 나를 가치 있게 여기는 마음은 그렇게 쉽게 흔들리지 않거든요. 그런데 나의 정체성을 타인에게서 찾으려는 사람, 자존감을 타인의 평가로 얻으려고 하는 사람들은 남의 말이나 행동에 심하게 영향을 받습니다. 그래서 타인에게 좋은 사람, 능력 있는 사람으로 인정받고 싶기 때문에 엄청 희생을 하고 그에 따른 불이익도 감수하죠. 그런데 만약 내가 그렇게 노력했는데도 인정을 받지 못하면, 그러니까 좋은 사람, 능력 있는 사람으로서의 이미지를 안겨주지 못하면 당연히 실망감을 느끼고 스스로 상처를 받는 거예요.

　　예를 들어 볼게요. 친구가 나에게 "넌 참 좋은 사람이야"라고 해서 높은 자존감을 느끼며 그 친구에게 더욱 잘해 줬는데, 어느 날 그 친구가 나에게 무관심해 보이거나 다른 친구를 더 좋아하는 것처럼 보이면 상처를 받는 거예요. 더 이상 나를 인정해 주지 않는 것 같으니까요. 상처받고 인간관계가 깨지는 건 사실 시간문제예요.

　　진정한 배려나 사랑은 상대방이 원할 때 원하는 것을 해줘야 하는 거잖아요. 그런데 남에게 잘 실망하는 사람은 상대가

원하지 않는 것을, 원하지 않는 때에, 원하지 않는 만큼 주는
경우가 많습니다. 이건 사실 사랑이나 배려가 아니고 그냥 좋
은 사람으로 인정받고 싶은 욕구일 뿐이지요. 나도 모르게 거
래를 하는 거예요. '난 너에게 친절했어. 그러니 너도 나만큼
은 아니더라도 어느 정도 나에게 고마워하고 나를 좋아해야
해'라는 무의식적인 마음으로 상대를 통제하는 겁니다. 칭찬
도 마찬가지예요. 그래서 상담사들은 함부로 칭찬하지 않아
요. 그 칭찬과 친절 안에 상대방을 가두고 내가 원하는 대로
상대방을 통제하게 될 가능성이 있어요. 호의에 굶주린 사람
은 계속해서 그 호의를 받기 위해 희생할 테니까요.

'내가 너에게 이렇게 잘해 주었으니 너도 날 좋아해 주고
날 좋은 사람이라고 인정해야 해'라는 그 거래는 사실 나 혼
자 한 거지, 상대방은 한 적이 없어요. 그러니 내가 기대하고
원하는 반응이 나올 수 없는 겁니다. 그 사람의 마음은 그 사
람의 것이고, 나에게 친절과 희생을 부탁한 적도 없죠. 내가
스스로 한 거예요. 나만의 거래였으니 지속적으로 성사되기
는 어렵고요. 그렇게 나만의 거래가 깨질 때마다 마음이 얼
마나 괴롭겠어요?

나는 온 마음을 다해서 정성스럽게 선물했지만 상대방
은 그만큼을 요구한 적도 없고 바라지도 않았다면, 물론 한

두 번은 감동할 수 있지만 계속하면 상대방이 언제까지 격하게 고마워할까요? 상대방은 슬슬 받는 게 당연해집니다. 그러면 주는 사람 입장에서는 서운해요. '쟤는 고마워하지도 않네?', '나를 호구로 보나?', '처음에는 날 좋아하더니 이제 받을 거 받았다고 변했네' 이런 생각들이 들 수 있어요.

제가 아는 어떤 사람은 선물로 항상 책을 고릅니다. 자기가 책 선물 받는 것을 좋아하기 때문이죠. 그런데 선물을 받은 사람은 썩 기뻐하지 않더라고요. 장사를 하는 사람이었거든요. 밤늦게까지 엄청 바쁩니다. 언제 책을 보나요? 그런데 매번 책을 선물하더라고요. 그래서 제가 한번은 그 사람에게 조심스럽게 말했습니다.

"상대방에게 필요한 선물을 하는 게 좋지 않을까요? 상대방의 취향이나 상황을 고려하지 않고 내가 좋아하는 걸 계속 선물하면 오히려 상대방은 감사해야 한다는 부담을 느낄 것 같은데요."

그랬더니 그 사람은 그저 웃기만 하고, 다른 사람에게 또 책을 선물하더라고요.

물론 누구나 어느 정도 자기가 좋아하는 것을 주기 마련이지만 정말로 상대방에게 관심이 있고, 내가 사랑받는 것보다 상대방에게 기쁨을 주는 것이 우선이라면 상대방에게 맞춰진, 부담스럽지 않은 수준의 선물을 합니다. 주는 빈도, 가격대, 내용물, 주는 방식 등 많은 것에서 그 의도가 묻어나죠.

상대방이 나의 호의를 받고도 기뻐하지 않는 모습을 보며 상처받는 건 사실 상대방이 잘못했다기보다 내가 원하는 말과 반응을 하지 않아서 실망한 거예요. 나의 친절로 상대방의 마음을 사려는 통제욕구가 좌절됐으니까요. 처음부터 진실한 인간관계가 아닌, 나를 인정해 주고 좋아해 줄 사람이 필요했던 거예요.

상처받는 유형 2.

수치심에 상처받는 사람

어려서부터 부모에게 비난을 받으며 수치심을 느끼고 혼난 기억이 많은 사람은 조금만 실수해도 쉽게 위축됩니다. 행동이나 결과로 평가받아 왔고 자신의 존재 자체로는 잘 사랑받지 못했던 것이죠. 이렇게 큰 아이들은 성인이 되어서도 자기 확신이 없고, 본인이 실수할지도 모른다는 사실에 두려움을 안고 살아요. 그러다 보니 사람을 대할 때 자연스럽지가 않아요. 실수하지 않으려고, 완벽하려고 하는 사람들은 일은 잘 해낼지 몰라도 관계에 있어서는 부자연스럽거든요. 그러면 그 부자연스러운 모습에 또다시 수치심을 느끼는 악순환이 일어납니다.

정말 심하면 누군가와 밥을 먹을 때도 얼굴이 붉어지고, 물을 따르면서도 그 모습을 앞사람이 보고 있는 게 너무 힘들어서 손을 떨고, 길에서 걷는 것조차도 누군가 나를 이상하게 볼까 봐 아주 부자연스럽게 걸어요. 이렇게 '사회불안장애'를 갖기도 합니다.

이 사람들은 기본적으로 '타인은 나를 좋아하지 않을 거야', '날 비웃을 거야'라는 신념을 가지고 있기 때문에 별 뜻 없이 던진 말에도 혼자 부풀려 생각하고 자신을 비웃었다, 무시했다고 생각하면서 쉽게 상처를 받습니다.

"오늘 옷을 참 캐주얼하게 입으셨네요?"라고 말했는데 '내가 격에 맞지 않게 생각 없이 입었다는 뜻이구나' 하면서 반 바퀴쯤 돌아서 다른 뜻으로 이해합니다. 그냥 인사한 건데 말이죠. "키가 참 크시네요?"라고 말했는데 '내가 볼 게 키밖에 없나? 키가 너무 커서 튄다는 건가? 부담스럽다는 뜻인가?' 이렇게 생각하고 위축되고요. 좋은 뜻으로 말한 건데요.

"자기야, 설거지 다했어?"라고 말했는데 화를 내면서 "나한테 맡긴 일이면 자기는 신경 꺼. 내가 좀 쉬었다 할 수도 있는 거 아냐? 그렇게 보챌 거면 당신이 하던가"라고 해버립니다. 같이 나가려고 다했는지 물어본 것뿐인데 말이죠. "내가 이거 너 줄게. 이거 비싼 거다? 너 생각해서 특별히 산 거야"라고 하면 '내가 그렇게 돈이 없어서 불쌍해 보였나? 내가 비싼 거 받으면 무조건 좋아해야 하는 건가?'라고 생각하면서 스스로를 비참하게 만들어 버립니다.

이렇게 수치심에 위축되어 살아가면 본인의 능력과 잠재력을 발휘하지 못하고 수동적으로 살아가거나 반대로 강한 분노를 표출하기도 해요. 그런데 그 분노는 보통 타인을 향하기보다는 나 자신을 향해요. 자신을 공격하는 겁니다. 자책하고 자기혐오를 하며 스스로를 계속해서 다그칩니다.

나의 잠재의식에 모욕감과 수치심이 자리하고 있기 때문에 성인이 되어서도 상황을 잘못 해석하는 거예요. '자라 보고 놀란 가슴 솥뚜껑 보고 놀란다'라는 속담이 있잖아요. 과거에 자라를 보고 놀랐던 기억이 잠재의식에 저장되어 있기 때문에 그와 비슷하게 생긴 솥뚜껑만 봐도 상처가 되살아납니다. 어떤 과거를 보냈느냐에 따라 누군가에게는 그냥 솥뚜껑일 뿐인 것도 누군가에게는 큰 위협과 상처로 다가오면서 수치심에 위축되게 만들죠.

상처받지 않는 사람은 아무도 없다

✦

　나를 인정해 줄 사람을 찾지 말고, 진심으로 상대방을 생각하고 그 사람 자체와 가까워지기 위해 노력해야 해요. 자신의 기대와 기준에 상대방을 넣으려고 하지 않는다면 그만큼 실망하는 일도 줄어들 겁니다. 사람은 각자 다르잖아요. 좋아하는 취향도, 감동하는 포인트도 모두 다르죠. 서로 독립성을 존중하는 것이 나도 살고 상대방도 사는 길입니다.

쉽게 상처받는 미숙이를 위한 처방 1.

상대방에게 초점을 맞추기

　힘든 일이 있을 때 어떤 사람은 여기저기 떠들고 소리를 내며 극복하고, 이떤 사람은 조용히 혼자만의 시간을 가시면서 그 감정이 지나가도록 기다려요. 두 번째 경우에는 지인들에게 자기 속을 잘 말하지 않고 운동이나 취미 생활을 통해 속에 쌓인 것들을 배출해 내죠.

그런데 여기저기 소리를 내며 주변 사람에게 기대서 문제를 해결해 가는 사람의 입장에서는 그게 참 서운할 수 있어요. '나는 힘들 때 내 고민을 이야기하는데 저 사람은 왜 나에게 털어놓지 않을까? 내가 그 정도로 의미 있는 사람은 아닌 걸까?'라는 생각이 들 수 있어요. 하지만 이건 결코 의미의 문제가 아니에요. 각자 자신을 지켜온 방식이 다를 뿐이에요. 자주 연락하지 않아도 마음에 품고 늘 상대방을 생각하며 혼자 미소 짓는 사람이 있는가 하면, 자주는 아니지만 생각날 때마다 바로바로 연락하는 사람이 있어요. 겉으로 드러나는 모습이 마음의 전부를 보여주지는 않아요. 각자 사는 방식과 친근감을 표현하는 방식이 다른 거예요. 내 마음이 서운해질 때마다 상대방의 독립성을 수시로 인지하고 받아들여야 해요.

나는 상대방을 지치게 하는 사람인지, 지지하는 사람인지 잘 생각해 보세요. 관심과 사랑이라는 이름으로 상대방을 통제하려고 한다면 그것은 상대방을 지지하는 게 아니라 지치게 하는 것일 수 있어요. 또 나는 상대방에게 기대기만 하는 사람인지, 아니면 기다려주는 사람인지 생각해 보세요. 사람마다 마음을 여는 속도는 다르고 그것이 꼭 마음의 크기를 대변하지는 않아요. 상대방을 좋은 사람이라고 미리 결정해 놓고 내가 생각하는 좋은 사람의 기준에서 벗어나면 나 혼자 상처받고 멀어지지 말고, '그는 나와 다르구나'라는 걸 계속 인지하면서 상대방의 취향과 삶의 방식을 존중해야 합니다. 그게 진짜 사랑과 관심인 거죠.

쉽게 상처받는 미숙이를 위한 처방 2.

나의 성향을 인지하기

앞서 상처를 잘 받는 사람들은 상대방을 자신의 친절과 호의 안에 가두고 통제하려는 욕구가 있다고 말씀드렸어요. 이렇게 말하면 꼭 엄청 나쁜 사람 같은데요, 나쁜 게 아니라 불안이 높은 사람이에요. 불안이 높고 완벽주의가 있는 사람은 자신이 정해둔 틀이 굉장히 중요해요. 그 틀에서 벗어나면 상당히 불편하고 계속 신경이 쓰입니다. 그리고 불안이 높으면 위험하고 부정적인 것을 더 감지하기 때문에 누군가 똑같은 말을 해도 더 오해하고 부정적으로 해석할 수 있어요.

또 기질적으로 '사회적 민감성'을 높게 타고난 사람이 있어요. 이런 경우 타인의 입장을 더 많이 신경 쓰고 눈치를 더 볼 수 있겠죠. 상대방의 표정 하나, 행동 하나에도 민감하게 그 속마음을 헤아리려고 하고 사회적인 레이더망도 더 예민하게 작동합니다.

또 예민하고 까다로운 기질을 타고난 경우 애정욕구가 남들보다 클 수 있어요. 그리고 친밀감의 기준이 상당히 높아요. 어느 정도 연락하고 밥 먹고 일상적인 수다를 떠는 사이는 부질없고 의미 없는 인간관계라고 생각하기도 해요. 애정을 나누고 친밀하다는 것에 대한 기준이 높다 보니 그것을 기대하고 사람을 대하면 상처를 더 많이 받을 수밖에 없겠죠.

기질과 성향은 그야말로 타고나는 것이라 어느 것이 좋다, 나쁘다 말할 수 없어요. 초록색은 좋고 빨간색은 나쁘다고 말할 수 없듯이 그저 하나의 특성일 뿐이고, 내가 어떻게 사용하느냐에 따라 나에게 보탬이 되기도 하고 괴로움이 되기도 해요. 이 부분은 3부에서 이야기할게요.

자신의 기질과 성향을 이해하고 있어야 나도 상처를 덜 받고 상대방도 나쁜 사람이 되지 않습니다. 우리는 자신을 지키기 위해서 곧잘 상대방을 나쁜 사람으로 만들고는 하는데, 사실 근본적으로 따지고 봤을 때 상대방이 나쁜 사람이 되지 않아야 나도 살아남는 겁니다. 누군가에게 화살을 쏘면 나도 팔이 아프고 손가락도 아프기 마련이거든요. 자신의 특성과 기질을 받아들이고 이해하면 상대방이 나를 싫어하거나 상처를 준 것이 아니라 그저 나와 달라서 잠시 부딪친 것임을 이해할 수 있어요. 남이 나와 다를 수밖에 없는 건 너무나 당연한 거잖아요. 그렇게 생각하고 받아들이면 시간이 좀 걸릴 수는 있어도 지혜롭게 잘 풀어나갈 수 있습니다.

쉽게 상처받는 미숙이를 위한 처방 3.
과거의 상처와 현재를 구분하기

과거에 자라를 보고 놀랐던 기억이 잠재의식에 저장되어 있어 수치심에 상처받는 사람이라면, 자신이 보고 있는 물체는 자라가 아닌 솥뚜껑이라는 것을 알면 됩니다. 현재 의식에 대고 '솥뚜껑은 무섭지 않아'라고 주문을 외워봐야 잠재의식이 이미 솥뚜껑에 상처받도록 프로그래밍되어 있기 때문에 소용없습니다. 이러한 증상들을 '외상 후 스트레스 장애

(PTSD)'라고 합니다. 그때의 수치심과 충격이 잠재의식에 저장되어 있어서 비슷한 상황을 만나면 예민해지고, 감정 변화가 심해지고, 스트레스를 더 많이 받습니다. 강렬한 충격이 아니라 차곡차곡 쌓인 작은 경험들이어도 그러한 영향을 미칠 수 있어요.

그래서 자신의 과거를 돌아보면서 어떤 기억과 사건들이 나에게 수치심을 주었는지, 상처가 됐는지 생각해 보고 의식을 재구성할 필요가 있습니다. 예를 들어 과거에 아버지로부터 많이 혼났다면 직장 상사 중에 남자를 볼 때 그런 경직됨과 불편함을 느끼면서 더 상처받을 수 있습니다. 게다가 그 남자 상사가 아버지 나이대의 사람이라면 그 존재만으로도 굉장히 움츠러들 수 있어요. 일명 '권위자 이슈'를 갖는 것이죠. 실제로 그 남자 상사는 크게 상처를 주는 말과 행동을 하지 않았고 그저 다른 상사들이 하는 정도만 했다고 해도 유독 그 상사에게 더 상처를 받게 되는 겁니다. 그런 마음으로 회사를 다니니 직장생활이 얼마나 지옥이겠어요. 다른 동료들보다 훨씬 더 극심한 스트레스를 받겠죠.

친구 사이도 마찬가지예요. 내가 과거에 어머니로부터 통제나 비난을 많이 받으면서 자랐다면 성인이 돼서도 어떤 친구가 나를 자기 뜻대로 끌고 다니려고 하거나 조금만 지적해도 크게 휘청거립니다. 다른 건 괜찮은데 유독 나를 통제하거나 지적하는 말에 민감하게 반응하고 상처받는 것은 그 친구의 말이 내 잠재의식에 저장된 상처와 만났기 때문인 것이죠.

이럴 때 솥뚜껑은 자라가 아니듯이 '그 상사는 내 아버지가 아니다', '그 친구는 내 어머니가 아니다', 그리고 '나는 그때의 내가 아니다'라는 사실을 자각하고 의식적으로 과거와 현재를 분리해야 합니다. 그리고 내 잠재의식에 있는 그 수치심을 달래줄 필요가 있습니다. 그때 풀지 못하고 묵혀두었던 그 감정을 이제라도 꺼내서 그 어린 나를 지지하고 수용해야 해요.

물론 과거를 떠올리는 과정은 엄청나게 힘들 수도 있어요. 내가 살기 위해서 겨우 묻어두고 덮어둔 건데 굳이 꺼내서 다시 기억한다는 건 결코 유쾌한 일은 아니죠. 하지만 그 상처가 내 속에서 아직도 소화가 안 된 채로 여전히 남아 있기 때문에 불쑥불쑥 이유도 모른 채 화가 나고 무섭고 예민해지고, 불안감이 엄습해 오잖아요. 상처를 곪게 두는 것보다는 힘들더라도 꺼내서 감정을 표출하고 정리하는 것이 좋습니다.

너무 큰 상처가 있다면 이 과정에서 트라우마 재경험

(re-trauma)을 할 수 있기 때문에 전문가의 도움을 받아 상담을 통해 해결하는 것이 좋습니다. 만약 혼자 해보겠다면 '빈 의자 기법'이나 '어린 시절 나에게 편지 쓰기' 방법을 추천해요. 내가 기억할 수 있는 한 가장 최초의 상처, 최초의 수치심을 떠올려보고, 커가면서 느꼈던 수치심과 상처들을 하나씩 차근차근 생각해 보세요. 그때마다 나의 감정은 어떠했는지, 어떤 생각이 들었는지, 느낌은 어땠는지 기억해 보세요. 빈 의자 하나를 두고 그 당시의 내가 의자에 앉아 있다고 생각하고 말하거나 편지로 써주는 거예요.

"그때 많이 무섭고 힘들고 슬펐겠구나. 마음껏 슬퍼해도 괜찮아. 넌 충분히 그렇게 힘들 만했어."

어린 내가 풀어내지 못한 감정을 성인이 된 나라도 받아주고 공감해 준다면 그 순간은 마음이 굉장히 힘들 수 있지만 시간이 지나면서 감정이 조금씩 정리되어 과거와 현재를 구분하게 돼요. 체했다면 뚫어야 하잖아요. 묵혀 둔 상처와 아픔을 마주 보고 소화시켜야 현재 내가 고통받지 않습니다.

쉽게 상처받는 미숙이를 위한 처방

1. 상대방에게 초점을 맞추기

마음을 여는 속도는 사람마다 다르고, 그 속도가 마음의 크기를 대변하지는 않아요. 관계가 내 마음 같지 않아서 서운하다면, 일단 상대방의 속도에 맞춰 기다려 주세요.

---

2. 나의 성향을 인지하기

불안이 높고 완벽주의가 강한 사람, 사회적 민감성을 높게 타고 난 사람, 예민하고 까다로운 기질을 타고난 사람은 쉽게 상처 받을 수 있어요. 성향일 뿐, 좋고 나쁜 것이 없습니다.

---

3. 과거의 상처와 현재를 구분하기

과거에 받았던 상처가 자꾸 떠올라 현재를 불안하게 한다면, 상처받았을 당시의 내 감정과 생각을 떠올리고 그 마음을 달래 주세요. 그리고 기억해 주세요. 나는 그때의 내가 아니라는 걸.

Part 3.

파도 타듯이 유연하게

살아가기 위해

2부에서는 우리가 힘들어하는 미숙한 모습과 이를 극복하기 위한 현실적인 솔루션들을 이야기했다면, 3부에서는 성숙한 내가 되기 위한 근본적인 이야기를 하려고 해요. 침대로 비유하자면 2부는 매트리스 활용법을 말씀드린 것이고 3부는 매트리스를 담는 프레임에 대한 이야기입니다. '나'라는 인간을 어떻게 담아내야 하는지, 어떻게 데리고 남은 여생을 살아가야 행복하고 편안할 수 있는지를 살펴볼게요.

가끔 제 유튜브 채널에 달리는 댓글을 보면 "웃따 님, 죄송하지만 사람은 절대로 변하지 않아요. 생긴 대로 살다가 가는 것뿐이죠"라고 말하는 분들이 종종 있어요. 이 문구 자체는 나쁜 말은 아니지만 문맥상 긍정적인 의미가 아니고 노력해 봤자 소용없다는 뜻이었어요. 그러나 저를 보세요. 저는 결코 행복하고 편안한 사람이 아니었지만 지금은 예전에 비하면 많이 편해졌고 제 자신을 담아낼 줄 알게 되었어요.

사람은 변할 수 없고 생긴 대로 살다가 죽는 게 맞을 수도 있어요. 하지만 그런 나를 어떻게 대하고 다루느냐는 바꿀 수 있어요. 제 자신을 그토록 괴롭히며 마음을 병들게 만들

었던 제가 어떻게 편안하고 여유롭게 변할 수 있었는지 심리
학적인 내용과 제 개인의 철학을 토대로 이야기할게요. 살짝
모호하게 느껴질 수도 있어요. 그 모호함을 음미하는 것이
성숙함의 한 부분이기도 하죠. 내 마음의 프레임을 바꿀 수
있도록 지금부터 그 방향을 안내해 드리겠습니다.

나를 보듬는 성숙한 마음 1.

나를 용서하기

우리는 모두 하찮고, 모두 괜찮다

✦

'사람은 생긴 대로 산다. 죽을 때까지 사람은 변하지 않는다'라는 말은 거의 진리입니다. 아마도 나이가 지긋한 분들이라면 이 말을 다 인정할 거예요. 잠시 잠깐 변하는 모습을 보일 수는 있어도 오랜 세월이 지나면 결국 그 인간은 또 그 인간일 수밖에 없다는 결론에 이르죠. 저도 아주 동의하는 바입니다.

본성은 달라지지 않을지라도

저희 아빠는 물건을 잘 늘어놓고 정리를 거의 하지 않습니다. 험담 아닙니다. 저도 똑같으니까요. 자폭입니다. 그런데 저희 엄마는 그와는 완선 반대로, 청소 자격증이 있었다면 1급을 땄을 법한 청소의 여왕이에요. 제가 어려서부터 가장 자주 혼난 이유도 바로 그 청소 때문이었고, 그 깔끔함에 저희 아빠도 살아남기 어려웠습니다. 청소의 여왕에게 굴복하지 않으면 살아갈 수 없었어요.

그런데 아빠가 이제 70살쯤 되시니 엄마보다 청소를 잘합니다. 가끔 저희 집에 오시면 더럽다고 혀를 내두르시기도 해요. "다 아빠 유전이구나. 다 아빠 잘못이구나. 그래도 난 이 정도는 아닌 것 같은데" 하시며 자책 아닌 자책을 하고 씁쓸해하시죠. 그 모습을 보는 저는 약간 어이가 상실됩니다. 저분이 언제부터 저랬을까, 나이가 들어 여성호르몬이 나와서 저렇게 깔끔해진 걸까, 다른 사람도 아니고 아빠가 내 집을 보고 더럽다고 할 수 있는 건가 싶죠.

이제는 엄마가 옷을 늘어놓으면 아빠가 정리합니다. 이런 것을 보면 정말로 사람은 죽을 때까지 변하지 않는다는 말이 맞는 걸까 싶어요. 저희 아빠는 변해도 너무 변했거든요. 누가 보면 태생부터 깔끔했는 줄 알 정도로요. 어떤 70살 된 남자가 매일 청소기를 돌리고 이불 털고 엉덩이로 주저앉아 손걸레질을 하고 설거지를 하나요.

아빠의 세 딸들은 어느 날 아빠에게 물었습니다.

"아빠, 어떻게 이렇게 사람이 변해? 이제 집이 더러운 게 보이는 거야? 더러운 게 이제 싫은 거야? 아님 청소가 즐거워진 거야?"

아빠의 대답은 역시나 또 한번 인생 불변의 진리를 깨닫게 해주었습니다.

"아니. 나는 아직도 왜 청소를 해야 하는지 모르겠어. 왜 물건을 정리해야 하는지 이해가 잘 안 돼. 그냥 엄마가 평생 이런 나랑 살기 힘들어했으니까 이제라도 맞추면서 사는 거야. 늙어서 엄마한테 잘 보여야지 계속 옛날 모습으로 살면 이제 갈 데도 없어."

그럼 그렇지, 사람 안 변합니다. 역시 저랑 똑같아요. 저희 아빠와 그의 딸들은 어차피 또 어지러질 물건을 잘 치우지 않는 종족으로 타고났죠. 아빠는 그저 노력한 겁니다. 깔끔 코스프레죠.

그런데 아빠는 그런 자신의 본성을 알고 있고 그것을 미워하거나 나쁜 점으로 생각하지도 않았습니다. 정리를 왜 해야 하는지, 이해할 수 없는 것은 여전히 이해할 수 없다고 말해요. 다만 필요할 때 상황에 따라 본성을 거스르기도 하고 타인에게 맞추기도 할 뿐입니다.

내가 생각하는 미숙함이 어떤 상황에서는, 또 어떤 사람에게는 미숙함이 아닐 수 있어요. 그러나 다른 상황에서나 다른 사람에게는 미숙함일 수 있죠. 그 사실을 알면 되는 거예요. 무작정 자신을 부정하고 외면하는 것이 아니라 언제 나를 오픈해도 되는지, 누구에게 나를 보여줘도 되는지를 알면 됩니다. 청소의 여왕 앞에서는 깔끔 코스프레를 떨면 되고, 똑같은 종족인 제 앞에서는 솔직하게 물건 정리할 필요성을 못 느낀다고 말해도 됩니다. 전혀 부끄러워할 이유가 없죠. 우리 종족에게 그것은 미숙함이 아니라 그냥 자연스러움이거든요.

내가 싫어하는 나의 성격들이 있어요. 의존적이거나 공격적이거나 예민하거나 느리고 무기력한 성격 같은 것들이요. 부모에게 꾸중을 듣거나 거부되었던 모습, 나를 힘들게 했던 사람의 모습 등이 나에게 보일 때면 스스로 미워하며 고쳐야 할 점이라고 생각할 겁니다.

그런데 그런 모습들은 하루아침에 그냥 생겨난 것이 아니죠. 나의 타고난 기질, 성향 그리고 가정에서 학습된 성격, 부모의 양육 태도, 성장 과정에서 만난 다양한 사건과 경험의 합작입니다. 오늘날의 내 모습은 나의 생물학적, 심리학적, 사회적, 역사적 축적물이라는 것입니다. 내가 그 축적된 내 모습을 미워하고 거부하고 있다면 우리는 과연 누구를 미워해야 마땅한가요? 타고난 나? 나를 그렇게 키운 부모? 나에게 경험을 준 친구? 또는 그 사건? 아니면 애초에 나를 태어나게 만든 신의 잘못인가요? 우리는 아무에게도 손가락질할 수 없어요. 나 자신을 포함해서 말이죠.

그리고 손가락질할 이유도 없죠. 내 존재는 잘못이 아니니까요. 그동안의 축적물로 만들어진 '나'라는 사람이 가진 미숙함은 '언제나, 항상, 절대적으로' 미숙한 게 아니니까요. 때로는 그 미숙함 때문에 누군가와 대화가 통하고 공감대를 형성하며 편안함을 주기도 하고 인간적인 매력을 느끼게도 합니다. 그 미숙함이 누군가를 다치게도 하지만 반대로 누군가에게 다가서는 통로가 되기도 합니다.

그래서 미숙함은 버리고 가는 게 아니라 담고 가는 겁니다. 품고, 데리고, 끌어안고 내 모습 그대로 가는 거예요. 사람 안 변하죠. 진짜 안 변합니다. 자기 본성을 거스를 수 있는 인간은 없을 겁니다. 그런데 그 본성을 품고 때에 따라, 상황에 따라 활용하고 조절하면 그게 바로 성숙함입니다.

거북이가 사신의 느린 기질을 미숙하다고 느껴서 버렸다면 토끼는 경주하던 중에 잠들었을 리가 없습니다. 토끼가 중간에 잠을 자지 않았다면 애초에 빠른 종족으로 태어난 토끼를 거북이가 이길 방법이 없습니다. 거북이는 느리지만 성실하고 꾸준한 자신의 본성을 살렸고, 꾀를 부리며 자신의 빠름을 뽐내는 토끼의 본성을 역으로 이용했어요. 그게 바로 성숙함입니다.

내가 미숙함이라고 생각하는 것 이면에 있는 성숙함을 활용하고, 내가 성숙함이라고 자부했던 것 이면에 있는 미숙함을 기억해 주세요. 나와 타인 모두를 그런 눈으로 본다면 나를 포함해서 세상 누구도 비난받을 사람 없고 쓸모없는 사람 없습니다. 모두 활용하기 나름일 뿐이죠.

그래서 인간은 모두 하찮고, 모두 괜찮습니다. '나'는 참 별것도 아닌데 한편으로는 엄청 별거고, '너'도 똑같이 그렇습니다. 누구의 미숙함에 손가락질을 할 수 있겠어요.

그런데 우리는 왜 이렇게 나 자신을 다그치고 꾸중하는 걸까요?

190

나에게 친절해지는 연습

＊

열심히 사는 사람들은 이런 말을 스스로에게 자주 합니다.

"더 노력해야지."

"더 나아져야지."

"더 성장해야지."

좋습니다. 인간은 자신의 열등함과 나약함을 인지할 때 수치심을 느끼며 그것을 극복하고자 자신을 바꿔 나갑니다. 좋은 삶의 태도라고 생각해요. 인류는 열등감에 의해 발전하고, 수치심 때문에 성장하죠.

그러나 그렇게 자신을 채찍질하고 비난하면서 무엇을 잡았고 무엇을 놓쳤을까요? 무엇이 발전했고 무엇이 외면되었을까요? 아마도 성과를 잡고 여유를 놓치지 않았을까요? 겉모습은 발전하고 속마음은 외면당하지 않았을까요? 자존심은 챙겼지만 자존감은 낮아지지 않았을까요? 조건은 채웠지만 존재는 못 채우지 않았을까요? 햇빛이 강한 만큼 그림자도 짙어지지 않았을까요?

자기 비난 vs. 자기성찰

자기발전은 채찍질과 비난으로 하는 것이 아니라 '성찰'로 해야 건강합니다. 예를 들어 볼게요. 업무 처리를 하다가 똑같은 실수를 했을 때 우리는 흔히 이런 말들을 합니다.

"어휴, 내가 그럼 그렇지. 하는 것마다 그렇지. 진짜 바보 등신이구나. 그거 하나를 제대로 처리 못 해서 앞으로 어떻게 밥 벌어먹고 살겠냐. 똑같은 걸 또 틀리다니 그냥 나가 죽어야지. 살아서 뭐하냐."

굉장히 익숙한 멘트들입니다. 스스로에게 자주 하는 말들이죠. 이런 게 자기 비난입니다. 자기성찰은 달라요.

"아이고, 이 부분을 내가 깜박 놓쳤구나. 저번에도 실수했는데 또 그랬네. 앞으로 이 부분을 처리할 때는 더 집중해서 여러 차례 꼼꼼하게 살펴야겠구나. 팀장님께 혼난 건 내 실수에 대한 책임이고 결과니까 너무 기분 나쁘게 듣지 말고 다음에 꼭 잘 검토해야겠다."

이렇게 오버하지 않고 객관적으로 상황을 살피며 자신이 실수한 부분을 다음에 어떻게 발전시킬지 생각하는 것이 성찰입니다. 자기발전은 스스로를 갉아먹고 깎아내리는 자극으로만 이루어지지 않아요. 오히려 그 반대입니다. 자기를 용서하지 못하고 다그치면 당장은 발전하는 것 같지만 속은 건강하지 않습니다. 무엇인가 놓치면서 달려가는 셈이죠. 외제차 타고 멋지게 뽐내면서 엔진오일 점검은 안 하는 거예요. 진짜 훅 가는 수가 있습니다. 남의 시선과 평가에 쩔쩔매고 자신을 다그치면서 내면은 돌보지 않는다니요. 꼭 그렇게 나에게 욕을 한 사발 퍼부어야 마음이 편한가 봐요.

여러분, 우리는 이미 참 많이도 혼났고 지금도 혼나고 있어요. 이제 그만해도 됩니다. 혼나면 딱 그 행동만 수정하게 되지만, 자기를 수용하고 성찰하면 전반적으로 다른 분야에서도 두루 발전하게 됩니다. 심리적인 안정감과 여유가 있기 때문에 더 많은 것을 보고 더 멀리 생각하는 안목을 갖추거든요. 경직된 사람은 눈앞의 것만 생각하지만 여유롭고 자율적인 사람은 훨씬 더 많은 것이 눈에 들어오기 마련이죠. 진짜 성숙한 사람의 자기발전은 그렇게 하는 겁니다.

　그렇다면 어떻게 해야 비난이 아닌 성찰을 하는 사람이 될까요? 성찰은 자신의 마음과 지나간 일들을 반성하고 살핀다는 뜻이죠. 그렇게 살피려면 먼저 자기 마음부터 알아야 합니다.

　나를 알기 위해서는 내가 싫어하는 나의 미숙한 모습이라도 외면하지 않고 마주 봐야 합니다. 그것은 결코 쉬운 일이 아니겠죠. 굉장히 자존심 상하고 수치스러운 일입니다.

　나는 참 간사하고 비양심적인 사람이구나.
　나는 참 고집이 세고 이기적이구나.
　나는 인정 욕구가 강하고 나만 잘났다고 생각하는구나.
　나는 타인을 인정하거나 공감하지 않는구나.
　나는 비겁하고 겁이 많은 사람이구나.
　나는 의존적이고 유리알 같은 사람이구나.

　이런 나의 미숙한 모습들을 볼 때마다 쥐구멍에라도 숨고 싶을 거예요. 사실 숨고 싶은 정도면 양호하죠. 진짜 미숙한 사람은 자기 모습을 보며 화를 내고 인정하지 않으며 미숙함을 외면합니다. 그러면 성찰은 없는 거예요. 자기 비난, 타인 비난, 원망, 회피 등 원시적인 방어기제들로 돌려막기 하면서 스트레스 홍수 속에서 버티기를 할 뿐입니다. 도대체 그러면 언제 행복하겠어요?

자신의 미숙한 모습을 직면하는 것은 자기가 먹고 토한 것을 찬찬히 살피는 것과 같이 역겨운 일일 수 있지만, 그래야 진짜 자신을 돌아보는 성찰을 할 수 있습니다. 그렇지 않으면 나는 계속해서 먹고 토하며 주변 사람과 나 자신을 힘들게 할 테니까요.

뭔가 기분이 나빠졌다면 무작정 스트레스를 풀지 말고 잠깐만 거기에 머물러 보세요. 술, 담배, 폭식, 넷플릭스, 유튜브는 나를 성찰시켜 주지 않습니다. 내 짜증을 잊게 해줄 그것들을 찾기 전에 잠깐만 내 마음을 보세요.

나는 지금 무엇 때문에 짜증 나고 스트레스 받을까?
내 속에 있는 무엇이 건드려진 걸까?
나의 수치심을 건드리는 그것은 무엇일까?
나는 왜 그런 소리를 들으면, 왜 그 사람만 보면 자꾸 화가 나는 걸까?

나의 성향과 성상 과정, 내가 걸어온 역사들을 생각하면서 나를 이해해 보세요. 그리고 아무것도 따지지 말고 그런 나를 그냥 안아주어야 해요. 나의 잘못이 아니라 내 역사의 결과물이잖아요. 손가락질할 수 없어요. 나의 미숙이를 그저 품어야 해요. 내가 나를 다그치고 혼내면 나는 진짜로 갈 데가 없어요. 둥지를 잃은 새처럼 열심히 날갯짓만 하고 어디하나 머무를 곳 없는 고단한 인생이 되죠. 그러니 내가 나에게 둥지가 되어 주세요. 나를 쉬게 해주세요.

감추고 싶은 나를 귀여워하기

"사랑받지 못한 미숙아, 칭찬받지 못한 미숙아, 인정받지 못한 미숙아, 많이 혼나고 외롭고 답답했던 미숙아, 표현할 수조차 없었던 미숙아. 혼자 숨죽여 스스로를 탓해야만 했던 나의 어린 미숙아, 그동안 너무 힘들었지? 너무 고단했지? 정말 고생 많았어. 이만큼 버티고 크느라 애썼어. 그때도 지금도 너는 충분하단다. 충분히 귀하고 소중하단다."

이 문장을 소리 내서 읽어보세요. 머리도 한번 쓰다듬어 주고, 어깨도 두드려 주면서 내 안에 결핍되고 상처받고 혼났던 미숙이를 달래주세요. 그리고 함께 데리고 가는 거예요. 그 아이를 버리지 않고 같이 품고 가는 거예요. 어쩔 수 없이 데려가는 게 아니라 사랑해 주면서요. 미숙이 뒤에는 성숙이가 같이 있으니까요. 귀엽잖아요, 우리 미숙이.

제가 최지원 교수님과 통화하면서 물어봤어요.

"교수님, 제가 겉으로 보이는 멋지고 강한 모습과 달리 의존적이고 집착적인 사람이었잖아요? 혹시 걱정 안 되세요? 제가 나중에 교수님께 집착하고 그럴까 봐 겁 안 나세요?"

"저의 정신연령이 낮은 건지 모르겠는데 선생님과 대화를 하고 있으면 미안하지만 나이 차이를 그렇게 못 느끼겠어요. 저보다 한참 어린데도 어린 사람과 대화한다는 느낌이 들지 않아요. 그런데 이런 질문을 할 때 보면 '아, 이 사람이 이렇게 젊고 어린 사람이었지' 하고 느껴요. 그런 생각을 한다는 게 참 귀여워요. 전화 받는 목소리도 귀엽게 들려요."

저의 미숙이를 오픈하면 귀엽다고들 합니다. 수치스럽게 생각하지 말고 귀엽게 생각해요, 우리. 남들은 멋진 거 같은데, 웃따는 참 건강하고 단단한 거 같은데 나만 미숙한 거 같죠? 천만에요. 다 똑같아요. 누구나 내면 아이가 있고 미숙이가 있고 결핍된 부분이 있고 콤플렉스가 있어요. 그거 잘 안 변해요. 다만 그것을 어떻게 대하느냐는 바꿀 수 있어요. 수치스러워만 히지 않고 귀엽게 봐주고, 열등하지만 때로는 우등할 수도 있음을 알고 그대로 수용하는 거예요. 어차피 '너'도 그렇고 '나'도 그렇고 '우리' 다 그래요. 밀어내고 외면하지 말고 나를 좀 편하게 생각해 주자고요.

미숙한 나를 용서하는 연습

1. 실수했을 때 자기성찰하기

부족한 나를 비난하며 자책하지 말고, 어떻게 된 일인지 최대한 객관적으로 파악하며 다음에는 어떻게 수정할지에 초점을 맞춰 생각해요. 심리적으로 안정되면 더 많은 것을 보고 더 멀리 생각할 수 있어요.

2. 미숙한 나를 솔직하게 보기

기분이 나빠졌다면 무작정 스트레스를 풀지 말고 잠깐만 그 기분에 머무르며 이유를 찾아보세요. 불쾌한 마음을 만든 미숙한 나를 외면하지 않고 솔직하게 마주해요.

3. 소리 내서 셀프 응원하기

미숙한 나에게 "이만큼 버티느라 애썼다"며 소리 내서 말하고 스스로를 토닥여 주세요. 수치스러워하는 대신 귀여워하고, 사랑하는 거예요. 나를 미워하지 않고 함께 가는 방법입니다.

나를 보듬는 성숙한 마음 2.

정체성 찾기

이미 존재 자체로 충분하다

⁎

    계속해서 무엇인가를 이루려고 하고 자신을 다그쳐 성공하려는 사람, 다이어트와 외모 가꾸기에 과도하게 집중하는 사람, 타인에게 과도하게 친절하고 자신을 착취하면서까지 맞춰주는 사람….

    이런 사람들은 자신의 존재만으로는 사회와 타인에게 수용되기 어렵다는 생각이 무의식에 깔려 있을 수 있습니다. 수용되기 위해 계속 '무엇'이 되어야만 하죠. 능력이 있거나 아름답거나 착하거나 재밌거나 권력이 있어야 하고, 그 모든 것을 일궈낼 자신이 없다면 사회생활을 회피하고 혼자서만 지낼 수도 있어요. 그만큼 수용될 자신이 없으니 처음부터 피하는 것이죠.

정체성이 없을 때 생기는 일

보통 청소년기에 자아정체성을 찾는다고 하는데, 사실 사람은 평생에 걸쳐 자기 정체성을 찾아가고 유지하는 존재라고 생각해요. 청소년기에 정체성을 찾기 시작하는 것뿐이죠. 이 정체성은 내가 무엇을 성취했다, 이런 결과를 낳았다, 이런 극찬을 들었다, 이런 조건적인 게 아니에요. 그것들을 다 포함하면서도 오히려 느낌적인 겁니다. 나에 대한 단단한 느낌, 채워진 느낌, 떳떳한 느낌 같은 것이죠. '나를 느낀다'라고 표현할 수 있습니다. 그래서 정체성이 바로 서지 않은 사람은 나의 존재를 온전하게 느끼기가 어렵습니다. 단단하고 떳떳한 나로 채워진 느낌 없이 불안정하고 공허하며 쓸쓸하고 허전합니다.

이러한 나에 대한 느낌을 조건에 걸어서, 내가 꼭 무엇을 이루어야만 내 정체성이 확인된다면 얼마나 사는 게 힘들겠어요. 밑 빠진 독에 물 붓기죠. 조건이나 성과는 나 자체일 수 없어요. 나를 이루는 내용물이죠. 볶음밥에는 당근도 있고 양파도 있고 햄도 있어요. 그런데 '햄은 곧 볶음밥이야', '당근이 곧 볶음밥이야' 이렇게 말할 수 있나요? 나의 프로필, 스펙, 조건이나 성취는 '나'가 아닙니다. 나를 이루는 내용 중에 하나일 뿐이죠. 나는 이미 나로 충분합니다. 그게 바로 정체성이에요.

수치심을 가진 사람들은 자기 자신을 마주하길 어려워해요. 그래서 자신의 신체도 매력적이라고 느끼지 않는 경우가 대부분이고, 거울을 볼 때마다 한숨을 쉽니다. 그러니 자주 안 보겠죠. 사진도 잘 안 찍어요. 거울을 본다면 흠이 있을까 봐 보는 거지, 좋은 마음으로 보지는 않아요. 여기저기 자꾸 성형을 하거나 피부 관리, 몸매 관리를 강박적으로 하기도 합니다.

어느 정도 내 외모에 만족할 수는 있어도 근본적으로 정체성이 채워지지는 않습니다. 그래서 계속하는 거예요. 그러나 외형을 가꾼다고 해서 내 존재가 단단하고 떳떳하게 채워지는 느낌을 받지는 못 해요.

그러면 이번에는 능력을 채웁니다. 무엇이든 엄청 열심히 배우고 무슨 자격증을 자꾸 땁니다. 그리고 미친 듯이 일하고 잠을 이루지 못합니다. 바빠요. 너무 바빠요. 여유가 1도 없어요. 자기는 일이 좋아서 하는 줄 알 거예요. 일 욕심이 있어서 한다고 생각하죠. 일 욕심도 있겠지만 그게 다는 아닐 가능성이 큽니다.

저는 심각한 일 중독자였어요. 심리 분석을 받았는데 교수님이 그런 저에게 이름을 붙여 주더라고요. '짐이 되고 싶지 않은 아이.' 정확히 맞습니다.

저는 가난한 개척교회 목회자 집안에서 태어난 세 딸 중 막내입니다. 딸 둘이 있는 집이라면 막내는 아들을 기대하니 실망했을 테고, 찢어지게 가난하니 셋째까지 낳는 게 부담됐을 거예요. 탄생부터가 짐이 되는 존재였습니다. 엄마가 얼마나 곤란하고 괴로웠으면 저를 남몰래 지워볼까 해서 세탁기가 돌아갈 때 배를 대고 있었다고 해요. 물론 진짜로 지울 생각은 아니었죠. 진짜 지울 거면 어디 세탁기에만 댔겠어요? 어쨌든 저는 세탁기 진동을 태교로 받고 태어난 덕분에 뇌 발달에 좋은 영향을 받았어요. 제가 성격은 어리바리한데 머리는 좀 좋은 편입니다. 세탁기 태교 때문에요.

학교 선생님들과 주변 어른들, 친척들은 저에게 너무나 아무렇지도 않게 "너희 부모님은 아들을 낳으려고 셋째를 가졌을 텐데 또 딸이 나왔구나"라는 말을 참 많이들 했어요. 지금은 많이 사라졌지만 제가 어릴 때만 해도 성 고정관념이 짙었어요. 저는 그 고정관념에 맞춰서 짧은 커트머리에 남자아이처럼 옷을 입고 운동을 하고 힘을 쓰며 놀았어요. 사람의 무의식이 그렇게 무서워요. 제가 그렇게 해야 가족들과 주변 어른들에게 수용될 수 있다고 그 어린 나이에도 느꼈던 거죠. 그래서 저는 "우리 집 아들"이라는 말을 듣고 자랐어요.

그렇게 대학생이 된 저는 일주일에 2~3일 정도는 밤을 새웠어요. 밤새 책 보고 공부했어요. 모든 학기 수석을 하지 않으면 제 자신을 용서할 수 없었고 실패자가 된 것 같았어요. 수석을 한다고 해서 그렇게 기쁜 것도 아니었어요. 잘하면 마땅히 할 것을 한 것이고, 차석만 해도 망했다고 생각했죠. 그리고 방학이면 매번 알바를 했어요. 텔레마케팅을 했는데 팀에서 늘 1등을 했어요.

저는 늘 잘해야 하고 환영받아야 하고 쓸모 있는 사람을 넘어 반드시 필요한 사람이 되어야 했어요. 그때는 몰랐죠. 제 자신이 그저 열정 있고 성실하고 욕심 있는 사람인 줄 알았어요. 그런데 이제 보니 그게 아닌 거예요. 저는 제 존재만으로는 저를 느낄 수 없는 거예요. 내 존재는 짐이니까, 내 정체성은 아들인지 딸인지 모르겠으니까, 나는 훌륭하고 멋지지 않으면 환영받을 수 없으니까, 사람들이 필요로 하는 능력자가 아니면 수용될 수 없으니까 열심히 했던 거죠.

심리학에서는 정체성을 행동(doing)과 존재(being)로 대조해서 설명해요. 나는 정체성을 행동으로 느끼는 사람인가, 존재로 느끼는 사람인가, 나는 꼭 무엇이 되어야만 내가 될 수 있는가, 아니면 나만으로도 내가 될 수 있는가 질문하는 거예요.

행동으로만 자신을 느낄 수 있는 사람은 계속 일하고 노력해야 해요. 능력 있고 아름답고 성숙하고 멋져야만 하죠. 그래야 괜찮은 내가 되니까요. 그래야 사랑받고 수용될 것 같으니까요. 그러나 사람이 항상 멋질 수는 없어요. 어떤 지역이든 언덕과 평지가 공존하고, 어떤 바다든 파도와 잔잔함이 공존해요. 세상 모든 것에는 오르막과 내리막이 함께해요. 우리는 늘 괜찮을 수만은 없어요. 아무리 부단히 노력한다고 해도 불가항력적인 불행을 내 힘으로 피하면서 살 수만은 없죠. 누구나 나이가 들고, 어떤 면에서는 도태되기도 해요.

그럴 때 내 존재는 어떻게 되나요? 행동으로만 정체성을 느끼는 사람은 그렇게 도태될 때 우울증에 걸리기 쉬워요. 심리적으로 붕괴가 일어나고 자신을 견디기 어려워해요. 깊은 자괴감과 무력감, 우울감에 빠지면서 무망감을 느낍니다.

그때 돌아본 내 모습은 어떨까요? 내가 가진 것들을 놓치고 나의 행동이 도태되어 갈 때 보이는 '나'는 어떤 사람인가요? 가슴이 텅 비어 있는, 허우대만 멀쩡한 사람이겠죠. 많은 이에게 사랑받는 자유의 여신상처럼 웅장하고 크고 자유로워 보이지만 정작 본인은 돌이에요. 석상이에요. 생명력이 없죠.

우울을 활용하는 법

✦

우울은 때로는 참 고마운 정서예요. 우울해야 자신을 볼 수 있거든요. 우울감이 있어야 브레이크를 걸 수 있어요.

우울할 때 자기를 보세요. 나는 생명력이 있는지, 겉모습만 화려하게 키운 석상이 되어 있지는 않은지, 팔을 내리고 싶어도 생명력이 없어서 내 의지대로 내리지 못하고 자유의 여신상처럼 괜찮은 척 연기를 하면서 살지 않는지 들여다보는 거예요.

한 번은 미쳐야 정신이 돌아온다

내가 꽉 쥐고 있던 행동을 놓고 존재를 보는 순간 너무 우울해서 잠시 미칠 수도 있어요. 그런데 한 번은 미쳐야 해요. 정신이 나가야 제정신이 돌아와요. 그것도 빨리 돌아오면 안 돼요. 충분히 우울하고 충분히 아파야 해요. 아픈 만큼 성숙해지고 단단해지고 넓어지거든요. 그러니 천천히 제정신을 찾아야 해요. 사실 무엇이 미친 거고 무엇이 제정신인지도 우리는 잘 몰라요. 한 번은 망가져봐야 그것도 판단할 수 있는 거죠.

행동이 아닌 존재로 자신을 느끼기 시작하면 자신에게 훨씬 관대해져요. 일만 하지 않고 내가 하고 싶은 걸 해요. 조급함과 초조함에 쫓기지 않고 내 마음의 소리를 듣기 시작해요. 남에게 편안하게 나 자신을 표현할 수 있고 그것이 무례하지 않고 자연스러워져요. 거울을 볼 때도 한숨을 쉬지 않아요. 사진 찍기가 부끄럽지 않아요. 내 얼굴에서 잡티만 보는 게 아니라 아름다움을 봐요. 생김새 말고 그 안에 담긴 아름다운 세월을 봐요.

누워서 드라마 정주행을 해도 죄책감을 느끼지 않아요. 하루쯤은 정크푸드를 먹고 시간을 펑펑 낭비해도 마음이 불편하지 않아요. 나를 위해 돈을 쓰고 나에게 선물을 할 수 있어요. 남의 눈치를 과도하게 보지 않고 자유롭게 행동하고 말할 수 있어요. 그러고도 내 자신이 사랑스럽고 이해가 되죠.

실수해도 자책하지 않고 용서할 수 있어요. 과도하게 나를 치켜세울 필요도 없어요. 누가 나를 인정하고 수용해 주지 않아도 이미 나로 만족하거든요. 정체성을 외부에서 끌어오는 게 아니라 내부에서 느끼고 있기 때문에 조건과 성과, 즉 행동에 목숨 걸지 않죠.

그렇게 살면 나태해지고 도태될 것 같나요? 사람은 쥐려고 하면 놓치고, 놓으려 하면 쥐게 되는 것 같아요. 나를 놔주세요. 그러면 실오라기 같은 빛부터 서서히 잡히기 시작할 거예요.

우리 모두 몇십 년 살다가 자기 명을 다하면 가는 거잖아요. 길어야 100년 사는 거잖아요. 100년은 생각보다 참 짧아요. 짧은 시야로 아등바등 코앞에 있는 것을 잡으려고 행복을 다 놓치고, 고작 남보다 한 계단을 더 오르기 위해서 그렇게 힘들게 살 필요 없잖아요.

조건으로 나를 가꾸는 데는 끝이 없어요. 그렇게 해서는 나를 채울 수가 없어요. 나는 조건이 아니라 존재로 채우는 겁니다. 이제는 넓은 시야로 나의 세상을, 나의 인생을 살아보자고요.

나를 자유롭게 풀어준다는 것

저는 이제 무엇을 잡으려 애쓰지 않아요. 평생을 폭주하고 달리다가 우울에 빠진 순간부터 놔버렸죠. 놓을 수밖에 없었어요. 아무것도 못했으니까요. 그래서 박사과정도 휴학했고 지금도 고민해요. 졸업을 안 하고 중퇴할지도 모르겠어요. 자격증도 아주 최소한으로 땄고요.

남들은 저에게 이것도 해라, 저것도 해라, 너 정도면 다 할 수 있지 않냐 이야기하며 저에 대한 다양한 기대를 쏟아내요. 하지만 저는 알아요. 제가 잡으려 하는 순간 놓친다는 것을요. 오히려 놓으면 제가 계획한 적 없고 예상하지도 못했던 더 좋은 것들이 잡힌다는 것을요.

'13만 명이 구독하는 심리학 채널 유튜버'라고 하면 뭐가 엄청 빵빵하게 있을 것 같지만 저는 내세울 게 하나밖에 없답니다. 바로 제 존재요. 제 존재가 무기이며 도구고, 저는 그것으로 충분합니다.

어디 이렇게 달라지기까지 쉬웠겠습니까? 오죽하면 제가 몇 달 동안 다섯 번이나 구체적인 자살시도를 했겠어요. 자신을 놓아주는 과정은 쉽지 않습니다만, 여러분, 되기는 합니다. 해보자고요. 행동이 아닌 존재로 사는 그날까지, 조건

이 아닌 존재로 사는 그날까지, 나를 자유롭게 풀어주는 그
날까지. 구체적인 실천사항을 달라고 하지 마세요. 그것도
행동이에요. 각자 마음으로 찾아보는 거예요. 내 존재에게
집중하면서요.

정체성을 찾는 연습

1. 행동이 아니라 존재에 집중하기

지금의 나는 어떤 사람인지 있는 그대로 느껴보세요. 열심히 일하고 공부하며 무언가가 되기 위해 행동하는 내가 아니라 그냥 있는 그대로의 나 자신을요. 처음에는 막연할 수 있지만 자꾸 하다 보면 느끼게 되는 순간이 올 거예요.

2. 충분히 우울해하기

우울한 마음이 든다면 피하지 말고 가만히 내 마음을 들여다보세요. 내 의지대로 살고 있는지, 괜찮은 척 연기를 하고 있진 않은지 점검할 좋은 기회입니다.

3. 자유롭게 풀어주기

무언가를 해야 한다는 압박으로부터 나를 놓아주세요. 내가 바라는 나의 모습을 목표로 놓고 억지로 붙잡으려고 애쓰지 않을 때 '내가 원하는 나'가 아니라 진짜 나를 마주할 수 있어요.

나를 보듬는 성숙한 마음 3.
가치화하기

나를 좋아하면 안 되는 이유

....

✦

여러분은 자신의 무엇을 좋아하나요? 또는 연인의 무엇을 좋아하나요? 좋아한다는 것은 '무엇'을 좋아하는 것이고, 그 무엇이 사라지거나 변했을 때는 더 이상 좋아하지 않게 됩니다. 연애를 할 때 보통 그렇죠.

"그 사람을 왜 좋아해?"라고 물었을 때 "이 사람은 참 자상하고 나를 잘 챙겨줘서 좋아"라고 한다면 시간이 지나 자상하지 않은 모습을 보일 때, 또는 결혼해서 나를 더 이상 챙기지 않고 자꾸 자유를 향해 돌진하는 모습을 보일 때 내 마음은 어떨까요? 엄청 실망스럽고 상처받습니다. 나는 그가 아닌 그의 무엇, 즉 자상함을 사랑했던 것이죠.

자기애가 높고 스스로 자신감이 있다고 말하는 사람들을 보면 자기에 대해 특정한 무엇을 자랑스럽게 여깁니다.

"나는 머리숱이 많아서 참 좋아."

그런데 나이가 들어 머리숱이 빠지면요?

"나는 꼼꼼하게 일처리를 잘해서 좋아."

그런데 몸이 아프거나 우울해지거나 또는 코로나 후유증 등으로 뇌세포가 파괴되어 일 처리가 이전처럼 잘되지 않는다면요?

이렇게 특정한 무엇을 두고 자신을 자랑스럽게 여기는 것은 물론 나쁘지 않습니다만, 그것을 잃는다고 해도 나는 나를 좋아해줄지 생각해 봐야 합니다.

가치화하면 흔들리지 않는다

'좋아함(liking)'은 다분히 조건화되어 있습니다. '무엇' 때문에 좋아하고 그 무엇을 좋아하는 것이죠. 그 무엇은 변합니다. 조건적인 것 중에 영원한 것은 없으니까요.

많은 지인이 저한테 물었어요.

"너는 남편이 왜 좋았어?"

그러면 저는 늘 같은 답을 했어요.

"돈을 잘 써서. 나에게 아끼지 않는 모습에 감동했어."

그런데 결혼하고 보니 그 돈은 제 돈입니다. 여전히 저에게 돈을 잘 씁니다. 네, 우리 가족의 돈으로 말이죠. 그 사람의 무엇을 좋아하게 되면 상황에 따라, 시기에 따라, 대상에 따라 그것은 좋은 점이 되기도 하고 나쁜 점이 되기도 합니다. 나 자신에게도 마찬가지지요. 나의 능력, 성격, 외모, 스펙 등 나의 그 무엇을 좋아하면 나는 상황과 시기와 대상에 따라 나 자신이 좋기도 하고 싫기도 합니다.

그래서 나 자신을 좋아하는 게 아니라 가치화해야 합니다. 인간은 누구나 가치롭습니다. 돈을 잘 써서 제 남편을 좋아했는데 결혼하고 보니 그 점은 좋아할 수가 없었어요. 오히려 아찔한 순간이 많았습니다. 차라리 그걸 샀는지 몰랐으면 하는 순간들도 있습니다. 그러나 저는 그 문제로 심각하게 얼굴 붉히며 살지 않아요. 제 남편의 가치는 돈을 많이 쓴다고 떨어지지 않으니까요. 물론 저의 가치도 돈 가지고 쪼잔하게 굴었다고 해서 떨어지지 않지만요.

서로를 가치화하는 것, 나를 가치화하는 것, 그것은 흔들림 없는 안정감을 선사합니다. 무엇이 있어서 좋다는 것은 다분히 조건적이기 때문에 그 좋아함은 언제 어떻게 변할지 모릅니다. 그러나 그 존재를 가치롭게 보는 것은 완전히 다릅니다. 마음의 크기가 졸졸 흐르는 시냇물에서 태평양급으로 바뀌는 것이죠.

나 자신을 가치화하는 사람만이 타인을 가치화할 수 있습니다. 나를 조건적으로 좋아하는 사람은 남도 그렇게 대합니다. 그래서 잘 실망하고 상처받지요.

가장 한심한 나를 안아주기

그렇다면 나를 어떻게 가치화할 수 있을까요? 참 역설적이게도 내가 아무것도 아님을 알아야 합니다. 내가 아무것도 아닐 때 나는 전부가 될 수 있습니다. 심하게 철학적입니다.

앞에서 제가 그랬죠. 잡으려고 하면 놓치고 놓으려고 할 때 원래 내가 잡으려던 것보다 더 좋은 것이 잡힌다고요. 이것도 마찬가지입니다. 내가 무엇이 되려고 할수록, 좋아할 만한 것들로 나를 채우려고 할수록 참 역설적이게도 나의 가치는 채워지지 않습니다.

예를 들어 이런 겁니다. 정말 사랑하는 친구가 있어요. 똑똑하고 멋지고 나에게도 잘하는 친구인데 어느 날인가부터 어리버리하게 행동하고 나에게도 차가워요. 그런데도 나는 그 친구가 참 소중한 거예요. 여전히 똑같은 마음으로 계속 함께하고 싶고요. 내가 정말로 그 친구를 사랑했는지는 그 친구가 별로일 때 확인할 수 있습니다.

내가 정말 내 존재 자체를 그대로 가치 있게 받아들이려면 내가 아무것도 아닐 때가 기회입니다. 내가 가진 게 없고 바닥으로 치닫고 정말 한심해 보일 때, 그때 나를 안아준다면 그게 진짜 나를 가치롭게 여기는 마음입니다.

언제나 안아주고 싶은 존재이길

✦

제가 심각한 중증 우울증 상태에 있다가 많이 나았어요. 그런데 지금 돌이켜 보니 우울했던 제 모습이 참 가치 있더라고요. 제가 그렇게 나약했고 힘들었고 그것밖에 안 되는 아무것도 아닌 존재였기 때문에 드디어 제 자신이 가치 있는 인간으로 느껴지는 거예요. 이게 무슨 소리냐면요.

제가 언젠가 우울감에 시달리며 카톡을 탈퇴하고 휴대폰을 꺼놓고 그냥 창밖에 있는 나무만 보면서 살았어요. 그 나무를 가만히 보는데 그 나무나 저나, 그 나무에 붙어 있는 매미나 저나, 그 아래 기어 다니는 개미나 저나, 그냥 다 똑같더라고요. 저는 나무나 매미나 개미처럼 아무것도 아닌 미물일 뿐이고요.

그런데 세상에, 나무나 매미나 개미가 세상에 없으면 되겠어요? 그 아무것도 아닌 작은 미물들은 생태계의 한 일원으로서 꼭 필요해요. 그때 비로소 제 자신이 가치롭게 보이더라고요.

'나는 아무것도 아닌 미물이지. 심지어 나무나 매미나 개미보다 못해. 쟤네들은 우울증에 안 걸리는데, 쟤네들은 이러나저러나 그저 성실히 자기 삶을 사는데 쟤네들이 나보다 낫지. 이 넓은 우주와 지구에 쟤네들이나 나나 똑같은 생명체로, 생태계의 한 일원으로 살아갈 뿐이야. 그런데 저것들이 없으면 안 되는 것처럼 나도 이 세상에 없으면 안 돼. 나는 아무것도 아닌데 없으면 안 돼. 벌레와 같이 작은 미물인 나는 가치롭고 소중해. 중요하고 귀한 존재야.'

그렇게 저를 바라보기 시작하니 다른 사람들도 그렇게 보이더라고요. 대단하다고 하는 사람들도 별다를 것 없어 보이는 동시에 엄청 귀한 존재로 보여요. 반대로 별거 없다는 사람들도 반짝반짝 빛나고 가치롭게 보여요. 내가 나를 함부로 대하지 않고 있는 그대로를 소중하게 생각하다 보니 길에 있는 나무도, 개미도, 사람도 귀하지 않은 존재가 없더라고요.

어때요? 이 정도면 마음의 크기가 시냇물에서 태평양급으로 넓어진 거 맞죠?

제가 인터뷰를 하다 보면 꼭 나오는 질문이 있어요.

"구독자분들이 웃따 님을 좋아하는 이유가 뭐라고 생각하세요?"

"진심이요. 저는 진심은 통한다고 생각해요."

저의 무기는 사람을 향한 진심입니다. 모든 사람은 가치 있고 사랑받아 마땅하다는 마음으로 방송을 하고 구독자를 대합니다. 그래서 저는 라이브 방송을 켜기 전에도 시청자를 위해 기도합니다. 실수하지 않고 잘하게 해 달라는 기도는 해본 적이 없고, 방송을 보는 사람들이 자신의 가치를 깨닫고 위로를 얻고 오늘을 살아갈 힘을 얻게 해 달라고 기도하죠. 제 눈에 들어오는 모든 사람이 다 가치롭고 소중하기 때문이에요. 그래서 자신의 가치를 모르고 사는 분들을 보면 참 마음이 아파요. 여전히 좋아함에 목을 매며 무엇이 되려하고, 나에게서 그리고 타인에게서 무엇을 찾으려 하죠.

그렇게 전전긍긍하며 조건을 따라 살아간다면 우리의 가치를 언제 찾을 수 있겠어요. 자신을 보세요. 자신의 무엇이 아닌 그냥 자기 자신이요. 자신의 영혼이요. 숨 쉬는 모든 것은 사는 이유가 있어요. 다만 내가 그것을 아직 알지 못해서,

깨닫지 못해서 스스로 사는 이유가 없고 가치롭지 않다고 생각할 뿐이죠. 여러분은 아주 가치롭고 살 만한 이유가 충분합니다. 조건이 아닌 존재 그 자체로 충분히 아름답고 귀합니다.

제가 참 좋아하는 친구가 어느 날 저에게 묻더라고요.

"너는 나를 왜 좋아해? 내가 이렇게 좋을 만한 이유가 있나? 진짜 이해가 안 돼. 나는 내가 별로 안 좋거든."

"음…, 예뻐서?"

"어이가 없다. 내가 못생긴 건 아니지만 그렇다고 엄청 예쁘지도 않잖아."

"어. 막 교만할 정도로 예쁘지는 않지."

"푸하하. 그럼 왜 좋아해?"

"음…, 몰라. 아무 이유가 없는데? 아무리 생각해도 왜 좋은지 모르겠어. 그냥 좋은데?"

"그럼 진짜네. 이유가 없으면 진짜 좋은 거거든."

빙고. 이유가 있어서 좋으면 좋아함이죠. 아무리 봐도 이유를 모르겠는데 그냥 아주 귀하고 예쁘고 사랑스럽고 안쓰럽고 안아주고 싶으면 그건 가치화한 거예요. 무조건적인 수용, 그 사람이 어떻든지 가치롭게 여기는 것.

자존감은 낮고 자존심이 센 사람은 자신을 좋아하지만, 자존감이 높고 자존심을 부리지 않는 사람은 자신을 가치화합니다. 남보다 못해도, 실패해도, 부족해도, 우울해도 자기 자신이 안아주고 싶은 존재로 느껴지죠.

왜냐면 내가 아무것도 아니기 때문에 그것 좀 실패하고 못하고 부족해도 그리 대성통곡할 일이 아니고, 동시에 내가 너무 귀하고 가치롭기 때문에 그것 좀 못하고 부족하고 실패해도 전혀 나의 가치는 달라지지 않으니까요. 나는 생태계의 한 일원으로서 작은 미물이지만 성실하게 나의 삶을 살아가는 것이죠. 그렇게 내가 아무것도 아니라서 다행이고 가치로운 겁니다.

나를 가치화하는 연습

1. 가장 한심한 나를 안아주기

가진 것 없고, 마음은 바닥을 치닫고, 그런 내가 너무 한심해 보일 때 자책하지 말고 그냥 나를 안아주세요. 가장 감추고 싶은 나를 끌어안는 힘이 자신을 가치롭게 합니다.

2. 조건을 달지 않기

나의 능력, 성격, 외모, 스펙 등 조건을 기준으로 자신을 좋아하지 마세요. 상황과 시기와 대상에 따라 나 자신이 좋기도 하고 싫기도 하니까요. 나를 가치화한다는 건 조건과 상관없이 스스로를 존중한다는 뜻입니다.

3. 아무것도 아닌 나를 알기

우리는 나무나 매미나 개미처럼 아무것도 아닌 미물인 동시에 생태계에 없으면 안 되는 소중한 일원입니다. 성실하게 나의 삶을 살면 그뿐, 조금 부족하고 못난 나라도 결코 그 가치는 달라지지 않아요.

나를 보듬는 성숙한 마음 4.

성격 활용하기

세상에 나쁜 성격은 없다

·····················

✦

자기 자신이 마음에 안 드는 사람들은 특히나 자신의 성격을 문제시합니다. 너무 소심하다, 소극적이다, 수줍음이 많다, 다혈질이다, 참을성이 없다, 얌전하다, 나댄다, 공격적이다 등등 다양한 성격을 각자만의 이유로 싫어합니다. 얌전한 사람은 활발한 사람을 부러워하고 좋게 생각합니다. 활발하고 말이 많은 사람은 조용하고 신중한 사람을 부러워하고 좋게 생각합니다.

언젠가 친한 언니가 저에게 물었습니다.

"나는 네가 화내는 걸 본 적이 없어. 작은 짜증이나 사소한 감정 기복조차도 본 적이 없어. 너는 화가 안 나?"

"음…, 그러게. 그렇게 막 격하게 느끼지는 않아."

"어떻게 하면 그럴 수 있어? 비결이 뭐야?"

"비결? 좋은 점일 수도 있고 아닐 수도 있는데 비결이라는 말을 쓸 수 있나? 나는 언니처럼 자기감정을 솔직하게 느끼고 그걸 표현할 수 있는 사람이 부러운데."

"이건 좀 미성숙하잖아."

"겉보기에는 그럴 수 있지만 표현하지 않는 나보다 표현하는 언니가 속은 더 건강할걸? 세상에 감정을 안 느끼는 사람은 없을 텐데 그걸 표현하지 않고 항상 똑같은 모습으로만 사는 게 건강한 건 아닐 거야."

"음, 그래? 내 성격이 좋은 거라고?"

"난 그게 좋아 보여. 내가 못 하는 거니까 부럽지."

"난 네가 부러운데."

타고났기에 더욱 귀한

애초에 나쁜 성격이라는 건 없습니다. 그러나 우리는 자신의 성격에서 문제를 끝없이 찾아 고치려 들고 성격 그 이상으로 자신의 존재를 한심하게 여기고는 해요. 성격은 성격이고 나는 나인데 성격을 나와 동일시하는 경우가 많습니다.

성격은 나를 이루는 많은 구성과 내용 중 하나예요. 당근,

양파, 햄은 볶음밥에 있는 여러 재료 중에 하나지, 볶음밥 그 자체가 아닌 것처럼요. 그런데 그 재료 하나를 바꿔보고자 집착하고 붙잡혀서 살아가면 많은 에너지를 뺏기고 자기혐오를 느끼게 돼요. 물론 성격이나 성향이 아니라 의학적 병리로 구분되는 '성격장애'라면 많은 통찰과 치료가 필요하겠지만요.

성격장애는 일상과 직업생활에 지장이 있을 만큼 어려움이 있고 오랜 시간 거의 모든 상황에서 융통성 없이 지속적으로 성격으로 인한 문제가 발생할 때 해당해요. 그것도 진단 기준에 부합해야 하고 전문가와의 면담을 통해서 진단받는 것이기 때문에 자신을 쉽게 성격장애라고 생각해 버리면 안 됩니다. 병으로서가 아니라 그런 성향이나 성격을 가질 수는 있죠. 누구나 말이에요. 애초에 내가 타고난 기질과 성격은 바꿀 필요가 없어요. 그렇게 태어나기가 얼마나 힘든데 그걸 왜 바꿔요?

내 성격에 대해서 딱 결정하셔야 해요. 내가 내 성격에 끌려다니면서 치이느냐, 아니면 내가 내 성격의 주인이 되어서 잘 사용하면서 살아가느냐. 성격은 나를 구성하는 내용 중에 하나고 내가 나로 살아가는 데 쓰는 도구 중에 하나입니다. 그것을 요리조리 필요할 때 쓰고 조절할 때 조절하면서 살아갈 수 있습니다. 내 성격에 치이는 게 아니라 내가 성격을 적재적소에 쓰면서 다루는 것이죠. 이게 어떻게 가능할까요?

일단은 내 성격을 확실히 알아야 해요. 성격 유형 검사도 도움이 되고 나를 잘 아는 사람들에게 물어보는 것도 좋습니다. 나는 나에게 별로 객관적이지 못하거든요. 그렇게 내 성격을 파악한 다음에 모든 성격 유형은 틀린 게 아니라 서로 다를 뿐이고 모두 사회에 반드시 필요하다는 사실을 받아들여야 해요. 모든 성격은 그 존재 자체로 의미가 있어요. 하나하나의 퍼즐이 맞춰져서 '사회'가 되는 거죠.

성격은 내가 아니다

제가 아는 어떤 학생은 외향형과 내향형 사이를 왔다 갔다 하는 성격이에요. 매사 태평하고 걱정을 깊게 하지 않고 당장 끌리는 것을 하고 하기 싫으면 안 하는 편이고요. 그 학생이 어느 날 그러더라고요.

"저는 천하태평하고 쉬엄쉬엄 여유 있는 성격인데 저랑 같이 동아리 하는 언니는 뭐든 열심히 하고 열정이 넘쳐요. 그 언니를 보고 있으면 상대적으로 제가 게을러 보여요. 제가 이렇게 살아도 될까 하는 생각이 들어요."

"그래. 그런 생각이 들 수 있겠다. 네가 볼 때 그 언니가 훌륭해 보여?"

"네. 참 대단한 사람인 것 같아요. 반면에 저는 너무 생각이 없는 것 같고요."

"세상에는 에너지가 큰 사람이 있는데 무슨 일을 처음 진행할 때는 그런 사람들의 큰 에너지가 필요하지. 불을 처음 지필 때 큰 에너지가 필요하듯이. 그런데 그런 큰 에너지는 금방 지쳐서 반드시 뒤에서 밀어주는 사람이 필요해. 불씨가 꺼지지 않게 오랫동안 부채질을 해줄 작고 지속적인 에너지가 있어야만 그 큰 에너지를 가진 열정적인 사람도 든든하게 일을 할 수 있어. 내가 봤을 때는 네가 바로 그 역할을 하는 사람인 것 같은데? 너는 게으른 게 아니라 작고 지속적인 에너지인 거지. 다만 앞에서 리드하는 큰 에너지가 아닐 뿐인 거야. 그러나 세상에는 너와 같은 사람이 반드시 필요해. 리더보다 더 많은 숫자로 필요하지."

다시 한번 말하지만 세상에는 나쁜 성격이 없습니다. 어떻게 활용하느냐, 어떻게 다루느냐, 어떻게 받아들이냐의 차이가 있을 뿐입니다. 나쁘게 다루고 활용하면 나쁜 성격이 되는 거겠죠. 칼이 사람을 살리고 음식을 만드는 데 쓰이지만 때로는 사람을 죽이고 해치는 데 쓰이기도 하는 것처럼요. 내가 어떻게 쓰느냐에 따라 좋은 성격도 되고 나쁜 성격도 되는 거지, 그 자체로 나쁜 성격은 없는 겁니다. 그러니 내 성격 안에 나를 가두고 내가 그런 사람이라서 쓸모 없다고 생각하며 위축되고 자책할 필요 있나요? 성격은 내가 아니라 내가 쓰는 도구일 뿐인데요.

나다움을 활용하는 지혜

· ·

✦

저는 디스크(DISK) 성격 유형 검사에서 주도형(D형)이에요. 추진하는 사람, 리더형, 앞서 말한 그 동아리 언니같이 큰 에너지로 치고 나가는 사람이에요.

이 검사를 하기 전에는 제가 너무 강하고, 사람 중심이 아닌 일 중심으로 추진력 있게 밀어붙이는 게 남들에게 상처를 주기도 하는 것 같아서 제 성격이 굉장한 콤플렉스였고 늘 돌아서서 후회하고 자책했어요. 못난 점이라고 생각했죠. '나는 왜 이렇게 인간적이지 못하지?'라고 생각하면서 그런 성향을 감추려고 했고, 누가 리더 자리를 맡기면 일부러 안 맡으려고 피하고 내성적이고 소극적인 사람인 척 조용히 살았어요.

그런데 디스크 성격 유형 검사에서 주도형이 나와 주도형에 대해 해설해 놓은 글을 보는데 카타르시스가 느껴지는 거예요.

"그래. 내가 이런 사람이야. 나 같은 사람은 세상에 필요해. 왜 억눌러? 얼마나 귀하게 타고난 성품인데? 약점은 보완하고 강점을 잘 활용해야지."

이렇게 생각할 수 있게 되었거든요. 내 성향을 알고 그 장단점에 대해 파악하고 나니까 나를 아끼고 사랑하는 마음이 생기더라고요. 그리고 나의 기질을 알면 상황에 따라 내가 조절할 수 있어요. 주의점을 알고, 어떻게 하면 더 시너지를 내며 나다움을 활용할 수 있는지를 파악하니까 내가 내 성격에 치이면서 살지 않는 거예요. 내가 내 성격의 주인이 되어서 적절히 사용하는 거죠.

사교형, 안정형, 신중형의 특징

디스크 성격 유형 중 사교형(I형)은 표현형이라고도 해요. 내가 느끼고 말하고 싶은 건 꼭 말해야 하고, 신나야 하고, 꿈도 꿔야 하고, 하고 싶은 건 꼭 해야 해요. 그런데 이런 성향도 나 자신이 아니라 나의 내용이라는 걸 알면 시기적절하게 사용할 수 있어요. 나태한 게 아니라 편안한 거고, 산만한 게 아니라 즐거운 거다!

안정형(S형)은 우호적이고 평화적이고 순응하고 따라주는 사람, 세상에 양적으로 제일 많이 필요한 착한 사람들이에요. 평화적이라서 자기가 마음이 불편해도 표현을 못 하고 그냥 따르다가 한순간에 폭발하면 잠수 타거든요. 그리고 어쩌다 주도해야 하는 일을 만났을 때 매우 힘들어해요. 따르는 게 편한 사람이라서요.

하지만 하려면 할 수 있어요. 내 기질을 알면 거기 갇혀서 살지 않아요. "나는 그런 성향이지만 그건 나의 내용일 뿐이지. 하려고 하면 내 장점을 살려서 할 수 있다" 이렇게 나를 다스리는 마음으로요. 소심한 게 아니라 배려심 있고 우호적인 사람입니다. 자책할 필요 없겠죠.

신중형(C형)은 분석형이라고도 해요. 매사에 신중하고 논리적이고 합리적이에요. 지적인 욕심이 있고 자신만의 틀이 강하죠. 굉장히 꼼꼼하고 야무지게 일을 해요. 어느 일을 해도 직장에서 딱 좋아할 만한 사람이죠. 이 사람들은 완벽주의가 많은데 그것도 나의 기질을 알면 거기에 갇혀 살지 않아요. 상황에 따라서 융통성 있게, 효용성 있게 자신의 성격을 활용할 수 있어요.

나의 미숙함이 누군가에게는 성숙함이다

저는 ESTJ(외향/감각/사고/판단형)입니다. ESTJ들에게 상처받는 사람들이 좀 있죠. 우리는 칼 같고 무섭고 빠르며 거침이 없습니다. 정교한 기능이 첨가된 불도저 같죠. 제 채널 댓글을 보면 제가 상담사고 공감을 해주는 게 직업인 사람이기 때문에 저를 따뜻한 감정형(F)이라고 생각하시는 분이 많은 것 같아요. 그런데 저 그런 사람 아닙니다. 따뜻한 사고형(T)이에요.

예전에 저는 감정형이 아니라 사고형이라는 사실이 상담사로서 굉장한 약점이라고 생각했습니다. 제가 임상 수련을 할 때 슈퍼비전을 받으면서 그런 지적을 자주 받았거든요. 슈퍼바이저 교수님들은 저에게 이런 말씀을 자주 했어요.

"선생님, 이 부분에서는 공감을 해야죠. 분석을 하네요?"

"선생님은 공감을 해주기는 하는데 질문을 몇 가지 더 하고 뒤에 가서 몇 박자 느리게 공감을 해요. 잊어버리고 있다가 아차 싶어서 나중에 공감하는 건가?"

"ESTJ는 상담보다는 코칭이나 강의나 사업이 잘 맞지."

이런 말들을 들으면서 제가 무슨 생각을 하겠어요?

'이 길은 내 길이 아닌가? 강의만 하면서 살아야 하나? 그

런데 임상 경험도 없이 무슨 강의를 해? 그럼 이 길은 내 길이 아닌가?'

저는 상담을 할 때 내담자가 이야기를 하면 그게 무슨 마음이었을지, 어떤 감정이었을지 함께 느끼는 것보다 머리로 생각부터 하는 게 자동적으로 이루어지는 사람이었어요. 그게 바로 사고형이잖아요.

그런데 어느 날은 저의 이런 점을 가지고 슈퍼비전을 받는데 교수님이 좀 다른 말을 했어요.

"T가 왜 공감 능력이 없다고 생각해요? F는 포근한 공감을 하고 T는 시원한 공감을 할 수 있어요. T는 어설프게 공감하지 않죠. 그 사람의 상황을 완전히 이해하고 나서야 공감하고, 그 사람이 그렇게 느낄 수밖에 없었던 이유를 찾아서 알려주고, 그 자신도 알지 못했던 마음의 문제를 알려주기 때문에 T가 공감을 해주면 굉장히 시원하고 속이 뻥 뚫리는 것 같다고들 해요. 선생님 F 아니잖아요. 왜 F처럼 상담하려고 해요? 못하는 거 잘하려고 하지 말고 잘하는 거나 더 잘하세요."

그 말을 듣는데 모든 숙제가 해결되는 것 같았어요. 내가 미숙함이라고 생각했던 것, 그래서 누군가에게 상처를 줄 수 있고 직업적으로 적합하지 않다고 생각했던 것이 때로는 누군가에게 시원함이 될 수 있고 속을 뻥 뚫어주는 성숙함이 될 수도 있다니…. 상담사로서 미숙한 성격이라고 버리고 외면했으면 어쩔 뻔했어요?

MBTI는 나를 정의하지 않는다

그런데 더 충격적이고도 재미있는 사실은 제가 ESTJ가 아닐 수도 있다는 거예요. 이 책이 출간되기 전에 최지원 교수님이 원고를 먼저 다 읽으시고는 제일 먼저 저한테 이런 이야기를 하셨어요.

"선생님, MBTI 검사 다시 해보세요. 선생님은 ESTJ가 아니라 ENFJ일걸요?"

"뭘 보고 그렇게 생각하시는데요? 제 글의 어디가 그렇게 NF처럼 보이는데요?"

"ESTJ는 글을 이렇게 쓰지 않아요. 이렇게 은유를 많이 쓰지 않고 이런 풍부한 표현과 공감적이고 따뜻한 글을 쓰지 않아요. 이건 NF의 글이죠. 게다가 N이랑 J가 붙으면 카리스마가 있고 리더십도 있어요. 굉장히 부드러운 리더십이요. 아무리 봐도 선생님은 ENFJ예요. 벌써 구독자들은 선생님을 정확히 알아보고 댓글을 남겼는데 자기만 모르고 빡빡 우기네⋯. 혹시 ESTJ가 되고 싶은 거예요? 엄마가 엄하고 통제적이면 NF들은 자기 자신으로 살기가 굉장히 힘들기 때문에 ST로 살아요. 그렇다고 그게 진짜 자기 모습은 아니죠. 선생님 어릴 때 모습을 생각해 봐요."

"우리 집이 그렇게 가난하지 않았다면, 가정이 화목하고 허용적이었다면 저는 어떤 사람이 됐을까 잠시 상상해 보니⋯ 여행 다니고 글 쓰고 이것저것 다양하게 했을 것 같아요."

"거봐요. 벌써 상상했잖아요. S들은 상상하지 않아요."

"푸핫. 충격이네요. 제가 상상이라는 걸 하네요? 그러고 보니 저는 어릴 때 지나가는 자동차의 감정을 읽고 이름을 붙이는 취미가 있었어요. 인형과도 깊은 소통을 했고요. ST로 타고났다면 절대 할 수 없는 짓이네요. 어릴 때 꿈은 작곡가, 시인, 시나리오 작가⋯ 세상에, ENFJ 빼박이네요?"

"네⋯. 원래 MBTI는 자기를 찾는 과정이지 정답이 아니잖아요. 잃었던 선생님 본연의 모습을 찾아보세요."

저는 심리학을 공부하기 전에 제가 I인 줄 알았는데 공부하고 나니 저의 진짜 모습은 E더라고요. 그리고 가면을 벗기 전에는 ESTJ인 줄 알았는데 가면을 벗으면서 보니, 가면 쓰기 전 본래의 제 모습은 ENFJ였던 거예요.

요즘 젊은 층에는 MBTI에 과몰입한 사람이 많아요. 거의 종교 수준으로 맹신합니다. 그런데 MBTI 검사는 나를 찾아가는 여정일 뿐 나를 정의 내리지는 못해요. 그 16가지 유형에 나를 끼워 맞추는 게 아니라 나를 더 발견하고 알아가야 해요. MBTI로 설명되는 나는 고작 30퍼센트 정도이고, 그것도 정확하지 않죠. 내가 나를 잘 모르는 상태로 검사한다면요. 어차피 인생은 죽을 때까지 나를 찾아가고 알아가는 과정이기에 정확히 나를 정의 내릴 수 있는 정답은 없습니다. 그러니 어떤 성격 유형에 갇힐 필요가 전혀 없죠. 나를 설명하고 정의 내리는 건 고유한 나 자신뿐이에요.

어차피 내가 타고난 본성과 기질은 쉽게 버려지지 않거든요. 억지로 감추고 다른 사람처럼 살 수도 있지만 그래도 툭툭 튀어나올 거예요. 제가 저도 모르게 상상력을 발휘하고 은유법을 쓰는 것처럼요. 타고난 대로 살 때 가장 능력 발휘를 잘할 수 있어요. 어차피 버리지도 못할 거 그냥 꺼내서 쓰세요. 그거 가지고 태어나기가 얼마나 힘든 건데요.

애쓰지 말고 자연스럽게

제가 주도형, 리더형인 게 싫어서 얌전한 척 살았다고 했죠? 그런데 어떤 분이 제 얘기를 듣고 그러시더라고요.

"그게 얼마나 좋은 건데 그걸 고치려고 해요? 남들은 그 주도성과 적극성을 배우려고 학원까지 다녀요. 선생님에게 누가 그렇게 살면 안 된다고 했어요? 선생님이 자란 환경이 선생님의 그 좋은 점을 나쁜 것이라고 느끼게 했나요? 얌전히 나대지 말고 살아야 한다고 학습했나요? 그런데 그거 굉장히 좋은 점이에요. 제가 볼 때는 아주 멋져요."

여러분은 아주 멋져요. 그렇게 태어난 것도 복입니다. 다만 그동안 나를 잘 몰라서, 잘 다룰 줄을 몰라서, 받아줄 줄을 몰라서 힘들었던 거죠. 타고난 대로 살아봐요. 생긴 대로요. 못하는 거 잘하려고 하지 말고 잘하는 거나 더 잘하고, 없는 거 만들려고 하지 말고 있는 거나 잘 쓰면서 사는 게 타고난 나를 살리는 길이죠.

나 같은 사람은 꼭 필요해요. 나 같은 거, 너 같은 거, 애 같은 거, 쟤 같은 거 다 모여서 하나의 사회가 돼요. 하나라도 빠지면 안 돼요. 진상들도 다 필요가치가 있어요. 그 진상들에게 치이면서 나의 모난 부분도 동그랗게 깎여나가 성숙해지고 인내심도 키울 수 있죠.

세상에 나쁜 성격은 없습니다. 나쁘게 쓰고 나쁘게 보는 사람만 있을 뿐이에요. 얌전하면 얌전한 대로, 나대면 나대는 대로, 조용하면 조용한 대로, 시끄러우면 시끄러운 대로, 강하면 강한 대로, 유하면 유한 대로, 예민하면 예민한 대로, 둔하면 둔한 대로, 열정적이면 열정적인 대로, 태평하면 태평한 대로 모두 효용가치가 있고 사회의 한 일원으로서 충분한 가치가 있습니다.

남들이 내 성격을 가지고 뭐라고 하는 것도 나에게 문제가 있어서가 아니라 그 사람들 안에 있는 무엇과 부딪히기 때문일 거예요. 사람 사는 게 그렇죠. 누군가에게는 훌륭한 사람도 누군가에게는 별 볼일 없는 사람이 되기도 해요. 한 국가의 최고 권력자인 대통령도 그러는데 우리도 당연히 그렇죠. 나는 나대로 필요한 곳에 쓰이고 받아주는 곳에 받아들여지면서 그렇게 저렇게 부대끼고 어울려 살아가는 겁니다.

그러려면 나부터 나를 받아줘야겠죠. 내 성격을 알고, 장단점을 파악하고, 적재적소에 활용하면서 말이에요. 오늘도 나답게! 억지스러운 노력 말고 자연스럽게 타고난 대로!

성격을 활용하는 연습

1. 내 성격 알기

일단 성격 유형 검사를 하거나 나를 잘 아는 사람들에게 물어서 내 성격을 파악해야 합니다. 스스로 어떤 유형인지 알아야 어떤 상황에서든 자신에게 맞는 스타일로 편안하게 대응할 방법을 찾을 수 있어요.

2. 강점과 약점을 객관화하기

어떠한 성격이든 강점과 약점이 있고, 그게 무엇인지는 외부 상황에 따라 달라집니다. 외향적인 성격이 강점일 때도 있고 약점일 때도 있는 것처럼요. 객관적으로 바라보면 내 성격의 모든 부분을 포용할 수 있어요.

3. 상황에 맞게 강점을 끌어내기

따르는 게 익숙한 조심스러운 성격인데 주도해야 하는 상황에 놓였다면 상대방을 무리하게 리드하지 말고 배려심을 발휘하는 식으로 강점을 드러내봐요. 나를 부정하지 않고도 융통성 있고 효용성 있게 성격을 활용할 수 있어요.

나를 보듬는 성숙한 마음 5.

아픔을 견디기

뿌연 안개 속을 걸어가기 위해

⁂

많은 구독자분이 저에게 이런 이야기를 해요.

"선생님은 과거에 굉장히 마음이 힘들었고 우울증도 심했는데 지금은 어떻게 이렇게 밝고 건강해질 수 있었던 건가요?"

"선생님을 보면 유쾌하고 즐겁지만 가벼워 보이지는 않아요. 그저 공부해서 말하는 사람이 아니라 엄청 어두운 터널을 묵묵하게 지나온 느낌이 들어요."

또 어떤 교수님은 저에게 그러셨어요.

"예랑 씨는 유능하고 센스도 있고 재밌는데 그 은근한 우울감이 있잖아. 예랑 씨의 그 은근한 우울감이 약간 사람을 더 끌어당기는 거 같아."

사람들은 저에게 밝고 유쾌하고 단단한 사람이라고 말하

머 그 비결을 묻습니다. 저는 여전히 지치는 모습을 보이거나 우울감을 드러내기도 해요. 그러나 저의 그런 어두움이 문제가 아닌 매력으로, 자산으로 바뀌었다는 것을 저와 타인 모두 느낄 수 있습니다. 무엇이 저를 이렇게 바꾸었을까요?

답을 내리지 않고 견디는 능력

소극적 수용력(negative capability)이라고 들어보셨나요? 어떤 것으로도 해결할 수 없고 방법을 도저히 알 수 없을 때 그 상황을 견뎌내는 능력을 말합니다. 부정성의 수용력이라고도 해요.

인생에는 답을 내릴 수 있는 문제보다 답을 내릴 수 없는 문제가 훨씬 더 많아요. 우리는 열심히 답을 배우며 살아가지만 살다 보면 답이 없는 게 너무 많고 그럴 때마다 우리는 그 좌절을 견디지 못합니다. 문제를 빠르게 해결하고 답을 잘 찾는 사람을 훌륭하고 지혜롭다고 생각할 수 있지만, 사실 그보다 더 훌륭하고 지혜로운 사람은 해결할 수 없는 문제를 견딜 줄 아는 사람이죠.

소극적 수용력, 부정성의 수용력이란 굳이 답을 내리지 않고 그대로 견디는 능력이에요. 부정적인 상황을 수용하고 견뎌내는 힘, 슬프면 슬퍼하고 아프면 아파할 수 있는 힘, 버티고 버티는 힘이죠. 이해할 수 없으면 애써 이해하려고 노력하지 않고 그냥 두는 것, 원하는 것을 이루지 못하고 편안한 상태가 되지 못해도 내 뜻대로 하려는 욕망을 더 이상 갖지 않는 것입니다.

그런데 우리는 반대로 욕망을 능력이라고 배우죠. 알 수 없는 상황에서도 답을 알아내야 한다고 가르칩니다. 두려움이 많고 불안감이 높은 사람일수록 빨리 결정을 내리려고 해요. 그만큼 안정감이 필요하니까요. 그러나 뿌연 안개 속에서도 꾸준하게 앞으로 걸어가는 힘, 때로는 걸어가는 것조차 하지 않고 가만히 기다리는 힘, 그게 훨씬 더 대단한 능력입니다.

정말로 연약한 사람은 자신의 연약함을 직면할 수 없기 때문에 아파지도 않습니다. 늘 즐거우려고 하거나 아니면 진짜로 아무것도 느끼지 않고 살기도 해요. 인생이란 게 결코 늘 즐거울 수가 없는데 말이죠. 본인이 두려워하는 무엇인가를 피하는 것이겠죠. 아파하지 않는 사람은 자신에게 솔직할 수 없는 사람이라는 뜻일 거예요.

어둠을 거치면 단단해진다

제가 한참 힘들어할 때 한 친구가 이렇게 말했어요.

"네가 나보다 낫다. 너는 아파할 줄 알잖아. 아프다고 소리 낼 줄도 알고. 아픔을 외면하지 않고 느낄 수 있는 것은 네가 그만큼 힘이 있는 사람이라는 거야."

저도 과거에는 아파할 줄 모르는 사람이었습니다. 언제나 쨍한 햇빛처럼 빛났어요. 지금은 얼굴에 병색이 짙고 햇빛을 가리는 구름이 꽉 끼어 있습니다. 그러나 나쁘지 않아요. 누구나 쨍한 해가 뜰 때가 있고 두터운 구름이 낄 때가 있어요. 쨍한 해를 기다리면서 어둠을 견디는 게 아니라 어둠도 괜찮다고 받아들이며 견디는 겁니다. 왜냐하면 밝음은 절대로 줄 수 없는, 어둠만이 주는 매력과 성장이 반드시 있으니까요. 최지원 교수님이 저에게 이런 문자를 보낸 적이 있습니다.

"선생님이 지금 얼마나 자괴감을 느끼며 힘든 시간을 보내고 있을까 생각하니 제가 너무 마음이 아프고 눈물이 나네요. 그런데 저는 믿어요. 선생님의 지금 이 시간들이 반드시 선생님을 더 깊고 단단한 사람으로, 더 여유 있는 사람으로 만들어줄 거예요. 그러니 충분히 아파하세요. 그게 낫는 길이에요."

어두움을 거친 사람은 깊고 단단해지며 여유가 생깁니다. 어둠이 짙을수록 더더욱 끄떡없는 사람으로 성장합니다. 죽음까지 갔다 온 사람이 다시 일어서기 시작하면 무섭습니다. 웬만한 시련은 시련처럼 느껴지지도 않고 견딜 만한 것이 되죠. 이런 걸 내성이라고 하잖아요. 고통에 대한 내성, 인내력, 수용력, 버티고 견디는 마음의 근력이요. 그러나 이런 능력을 갖기가 어디 쉽나요? 정말 돈 주고 살 수 있다면 전 재산을 털어서라도 사고 싶네요.

저는 정말 인내심 없는 사람이었어요. 지금도 별로 인내심이 없어요. 저는 제가 이루고 싶은 것을 반드시 이루어야 하는 목표 중독자, 목적 달성을 위해 태어난 존재 같거든요. 그래서 제 뜻대로 되지 않으면 견디지 못했어요. 반드시 해결해야 하고 해결될 때까지 그 문제에 사로잡혀 집착합니다.

덕분에 저는 매우 자율성이 발달했고 하고 싶은 대로 하면서 살았어요. 학교에 가기 싫으면 안 가고 시험을 보기 싫으면 안 보고 먹고 싶은 건 먹고 먹기 싫은 건 뱉고 돈을 벌고 싶으면 벌고 좋아하는 사람이 있으면 꼬셨습니다. 그런데 건강과 인간관계는 제 뜻대로 할 수가 없었어요.

아픈 건 치료받으면 낫지 않나 생각할 수 있지만 생각보다 의학으로 해결하지 못하는 증상들이 정말 많습니다. 우리는

'돈돈돈' 하지만 돈으로 해결할 수 있는 일은 어쩌면 제일 쉬운 일이에요. 돈은 눈에 보이고 만질 수 있고 관리가 됩니다. 그러나 건강은 돈으로 사지 못해요. 재벌도 아파서 죽습니다. 사람의 생사는 하늘의 뜻이지, 인간의 고집과 의지나 지혜로 해결할 수 있는 문제가 아닙니다.

관계도 그렇습니다. 가벼운 관계 말고 정말 마음을 나누는 관계요. 가시적인 것이나 물질적인 것, 일이나 학업 등은 내가 조절하면 됩니다. 내가 통제하려면 할 수 있는 것들입니다. 그러나 관계는 그게 안 됩니다. 왜냐하면 상대방의 마음은 내가 조절할 수 없으니까요. 돈으로도 살 수 없고 구걸하거나 동정을 구해도 안 됩니다.

떠난 마음은 돌릴 수 없고 깨진 관계는 붙일 수 없어요. 우러나오지 않는 사랑을 억지로 할 수도 없어요. 연기는 할 수 있겠죠. 참 아이러니하게도 내 마음인데 마음대로 움직이지 못해요. 단 0.1그램도 내 마음처럼 움직여지지 않아요. 그러니 남의 마음은 오죽하겠어요.

오늘 하루만 버티기

⁕

건강과 관계뿐만 아니라 일, 돈, 꿈, 가족, 미래 등 내 뜻대로 되지 않을 때 우리는 죽음을 생각할 정도로 완전히 다운되며 무너지기도 합니다. 내 존재의 근간이 흔들려버릴 만큼 힘든 일도 벌어집니다.

정체성에 금이 가는 것 같은 혼란을 느끼기도 합니다. 얼마나 큰일이냐에 따라 달라지는 게 아니라 다양한 원인이 복합적으로 맞아떨어진 것이죠. 남이 보기에 아무것도 아닌 일도 나에게는 죽을 만큼 힘들 수 있고, 남이 보기에 견딜 수 없을 만큼 힘든 일을 그럭저럭 이겨내며 살아가기도 해요. 이건 사건의 내용으로 결정되는 것이 아니라 나의 호르몬, 심리적 자원, 사회적 자원, 과거의 경험, 성격과 기질 등 많은 것이 복합적으로 어우려져 탄생하는 핵폭탄 같은 고통입니다.

1부에서 말씀드린 것처럼 저의 주 호소 문제는 친구와의 관계가 깨진 것이었지만 어디 그거 하나로 이렇게 됐겠어요? 일에 대한 번아웃, 과로, 건강 악화, 육아 스트레스, 호르몬의 영향 등 많은 것이 복합적으로 똘똘 뭉쳐 핵폭탄급 우울증이 되었죠. 도대체 그걸 어떻게 버텨야 하나요? 그런 고통을 잘 견디는 사람이 있나요?

없습니다. 고통을 쉽게 견디는 사람은 한 명도 없습니다. 그냥 버티는 거예요. 잘 버티는 방법, 쉬운 길, 지름길 같은 거 없습니다. 그냥 살면서 견디는 겁니다. 여러분의 목소리가 들리는 것 같아요. '이게 지금 해결책이라고?' 네. 그게 해결책입니다. 그냥 사는 것. 제가 하루하루를 어떻게 버티고 살았는지 4가지를 말씀드릴게요.

아픔을 견디는 기술 1.
오늘만 보기

관계 문제로 우울증이 심할 때 최지원 교수님과 대화를 하다가 제가 그랬습니다.

"저 정말 끝났어요. 이제 그 관계는 영영 끝이 난 거예요."

"선생님, 영영이 아니라 오늘만 생각해요. 오늘은 끝난 게 맞아요. 그리고 오늘만 버티는 거예요."

"아…, 내일은요?"

"내일은 내일 버티는 거예요. 오늘은 딱 오늘만 생각해요. 오늘만도 벅찬데 어떻게 내일을 생각해요. 오늘만 견뎌요. 오늘은 그 관계가 끝난 게 맞으니까요."

"그거 참 좋네요."

우리가 너무나 힘든 이유는 과거를 돌리고 싶어서, 또는 미래를 통제하고 싶어서입니다. 추억을 현재로 만들려고 하면 집착이고 미련입니다. 미래를 현재에 통제하려고 하면 신의 영역을 침범하는 것이고 자신의 계획이 완벽하다고 믿는 오만을 저지르는 것이죠.

과거나 미래를 오늘로 끌어오려는 것이 아니라 그저 오늘을 오늘로 살아야 합니다. 오늘만 버티는 거예요. 내일이 되면 어제 내일이라고 불렀던 오늘을 버티는 거고요. 그렇게 딱 하루씩만 버티는 거예요. 그것도 어려우면 앞으로 2시간만 버텨요. 2시간 후에는 또 2시간을 버티고요. 멀리 보고 견디라고들 하죠? 해결할 수 없는 고통 속에 있는 사람에게 그게 얼마나 괴로운 일인데요. 멀리 보면 정말 암담하고 끔찍해요. 오늘만 보세요. 하루만 버티세요.

저는 관계 때문에 힘든 걸 누구에게도 이해받을 수 없는 일이라고 생각했어요. 저조차도 이해가 안 됐거든요. 그 친구가 뭔데 내가 죽네 사네 할까. 그래서 아무에게도 말을 못했어요. 그러다가 잦은 자살 충동으로 정신병동에 입원 절차를 밟게 되었고, 아이들을 엄마에게 부탁하면서 어쩔 수 없이 저의 주 호소 문제를 솔직하게 말했어요.

"엄마, 사실은 내가 그냥 아무 때나 죽고 싶은 게 아니라 해결되지 않는 문제가 있어."

"그게 뭔데? 남편 바람났니?"

"엄마, 나는 남편 바람나도 한 번은 용서하고 살지. 자식을 위해서."

"그렇지. 너는 그런 사람이지. 그럼 이렇게까지 무너지는 이유가 도대체 뭐야?"

"내가 정말 좋아하는 친구가 있는데 그 친구가 나를 버렸어. 나를 차단해. 이유를 모르겠어. 나 너무 상처받았어. 어떻게 나를 그렇게 좋아했던 사람이 이렇게 변할 수 있지? 나는 받아들일 수가 없어."

"너 그거 왜 그런 줄 알아? 네가 지금까지 늘 인기가 좋았 잖아. 누군가가 너를 밀어내는 게 처음이고 너는 자존심이 상해서 포기를 못 하는 거야. 그게 다 성질머리가 못돼서 그 런 거야."

"하하하. 엄마, 나 그 친구 정말 좋아해. 나한테 그렇게 상 처를 줬어도 나는 벌써 다 용서했어. 그저 한 번 보고 싶어서 그래."

"용서? 너는 그저 네가 원하는 대로 이루고 싶은 거야. 결 국 너의 뜻을 이뤄서 그 사람의 마음을 꺾고 싶은 거지. 이기 고 싶은 욕심일 뿐이야. 정신 차리고 네가 낳은 새끼들이나 잘 돌봐라. 친구가 그 사람 하나밖에 없어? 왜 그 사람 때문 에 그러고 살아. 너 진짜 미친 거야."

"그래, 엄마. 내가 미쳤지. 미친 거야. 그런데 어디 사람 마 음이 자기 원하는 대로 바뀌나. 그저 견뎌야지. 내가 이해 안 되지?"

"어. 이해 안 되지. 너 이상해. 그래도 너한테 그게 얼마나 중요한 문제면 네가 사람 하나 때문에 이러겠니."

우리 엄마가 원래 좀 카리스마 작렬이라 말이 거칠고 정확 합니다. 저한테 마구 쏘아붙인 그 말들이 모두 맞습니다. 내 가 잘났다고 생각하니까, 내가 사랑받아야 한다고 생각하니까, 나는 거절되면 안 된다고 생각하니까, 나는 수용되어야 한다고 생각하니까, 나는 이겨야 하니까, 나는 내 뜻대로 해야 하니까, 나는 좌절하면 안 되니까, 나는 실패하면 안 되니까, 나는 무너지면 안 되니까, 나는 늘 멋지고 성공적이고 인품 좋고 실력 좋고 인기 좋은 사람이어야 하니까, 그러니까 갈등과 문제가 생기면 고통을 견딜 수 없는 겁니다.

내가 정말 별거 아니라면 거절 좀 당해도 이렇게 죽을 일인가요? 실패하고 실수하고 배신당하고 사랑받지 못하고 내 뜻을 이루지 못했다고 해서 이렇게 인생 끝난 것처럼 살까요? 나는 뭔데, 내가 뭐라고, 나는 왜 항상 그 자리에서 그렇게 사랑받으며 빛나야 하나요? 그럴 이유가 없어요. 다 내가 나를 너무 높게 잡아서 그런 거죠.

제가 이 문제로 상담을 받을 때 상담선생님이 저에게 그러더라고요.

"선생님이 정말 힘들다는 걸 공감해요. 그런데 제가 공감하는 걸 넘어서 우리는 이 문제를 이론적으로 볼 필요가 있어요. 선생님이 그 친구 때문에 힘들다는 건 하나의 현상에 불과해요. 근본적인 것이 달라지지 않으면 이러한 현상은 앞으로 계속 반복될 뿐이죠. 제가 봤을 때 선생님은 '과대자기'를 가지고 있어요. 그래서 늘 남을 걱정하고 내가 하는 것이 차라리 편하고 내가 희생하고 참죠. 남보다 내가 더 힘이 있다고 생각하기 때문이에요. 과대자기라서 사랑하는 사람에게 거절당하는 것도 견딜 수 없는 고통이 되는 거예요. 자아를 현실적인 크기로 줄여야 이 고통을 견딜 수 있어요."

제가 이 말을 듣고 굉장히 기분이 나빴던 걸 보니 이 말이 맞는 겁니다. 제가 정말 마주하고 싶지 않았던 제 안의 과대자기를 본 것이죠. 그리고 이제는 받아들였습니다. 나는 과대자기구나. 엄마 말대로 나는 자존심이 세고 늘 사랑받으려고 해서, 실패하면 안 되는 못된 성질머리를 가지고 있어서 그렇구나, 하고 인정합니다.

제 자아가 정말 현실적인 크기라면 이 배신과 좌절은 견딜 수 없는 고통에서 견딜 만한 고통으로 해석이 달라집니다. 그리고 1부에서 말한 것처럼 해석이 달라지면 견딜 수 있는 고통이 됩니다.

내가 아무것도 아니라면 나를 포함해 세상 누구라도 상처받을 수 있고 무너질 수 있고 거절당할 수 있고 실패할 수 있어요. 나 자신을 높게 보니까 이런저런 고통들이 잔인한 가시가 되어 나를 찌르고 견딜 수 없는 스크래치가 되는 것이죠. 나를 낮추세요. 그렇게 딱 오늘만 견뎌요.

타인을 보기

남들보다 우울감을 더 느끼는 사람들은 자신의 불행을 크게 해석하는 경향이 있어요. 나는 특히 불행하고 더 힘들다고 말이죠. 어쩌면 나의 인생이 더 고달팠다고 생각하면서 부정적으로나마 자신에게 특별함을 부여하는지도 몰라요.

그런데 사실 남들도 이모저모로 다 고통받고 삽니다. 현재 나는 세상에서 내가 제일 힘든 것 같은데 사실 옆집 오빠도, 아랫집 누나도, 우리 과장님도, 저 산책하는 강아지도 나름의 고통이 다 있어요. 우리는 꼭 힘들 때 타인의 고통과 나의 고통을 비교합니다. 그래도 내가 저 사람보다 낫다면서 자신을 위로하기도 하고, 저 사람은 나에 비하면 아무것도 아니라면서 자신의 고통에 더 취하기도 합니다.

그러나 앞서 말씀드렸듯이 고통의 크기는 사건이나 사연으로 따지는 게 아니라 자기 마음에서 느껴지는 크기로 따지는 거에요. 이웃사촌이 죽었어도 나는 내 손톱 밑에 낀 가시가 더 아픈 법이죠. 각자 고통이 있고 다들 불행과 행운을 번갈아 경험하고 삽니다. '저 사람은 아무 고생 없이 살아서 좋겠다'라고 하지만 고생이 없다고 마음의 고통이 없는 건 아니죠. 우리는 모두 인생이라는 롤러코스터를 타고 있습니다. 각자 올라가고 내려가는 구간과 속도가 다를 뿐이죠. 그러니 내가 정말 고통스러울 때 타인의 고통과 비교하지 말고, 또 타인의 고통을 간과하지도 말고 인생이 그렇지, 인간은 다 그렇지, 하고 받아들이는 것이 좋습니다. 그렇게 또 오늘 하루만 견디는 겁니다.

아픔을 견디는 기술 4.
하늘을 보기

인간이 해결할 수 없는 문제를 만났을 때 나를 더 힘들게 만드는 것은 그 상황을 바꿔보려는 미련과 집착입니다. 이미 내 손을 떠났고 내 능력 밖의 일이라는 것을 받아들여야 하는데 그게 참 쉽지가 않습니다. 그럴 때 나보다 더 큰 세상의 뜻이라고 생각하면 문제를 초월할 수 있습니다.

인간의 지혜는 한계가 있어요. 대단한 예지 능력이 있어도 미래를 완전히 볼 수 없고 아무리 가진 게 많아도 자신이 설계한 대로 살 수 없습니다. 누구나 변수를 만나고 뜻밖의 상황에 놓이죠. 그럴 때 그것이 나의 부족함 때문이라고, 다른 사람 때문이라고 생각하면 내가 괴로울 뿐이에요.

하늘을 보세요. 나보다 큰 세상이 있어요. 나보다 큰 지혜가 있습니다. 지금 내가 처한 상황이 매우 고통스럽고 괴로워도 그것이 실패가 아니라 교훈이 되는 날이 옵니다. 아픔을 넘어 깊음이 되는 날이 옵니다.

그 숭고한 인격에 도달하려면 고통은 불가피합니다. 고통 없이 성장하는 사람은 없어요. 아이들도 넘어지면서 걸음마를 배우고, 성장통을 느끼면서 키가 큽니다. 자전거를 배울 때는 넘어지기도 하고, 수영을 배울 때는 물도 좀 먹습니다. 나비가 되려면 번데기 시절을 거쳐야 하고 비가 와야 땅이 굳습니다. 그것이 우리에게 정해진 운명이고 원리입니다.

내가 뭐라고 그것을 거스르나요? 그저 주어진 운명을 따라 사는 거예요. 고통은 나를 성장시키고 더 단단하게 해주기 위한 과정이구나, 이것이 내가 견뎌야 하는 번데기 시절이구나, 하고 나의 성장 과정으로 받아들여야 합니다.

운명 앞에 고집을 부려봐야 더 좌절하고 힘만 빠집니다. 그렇게 열심히 힘을 빼면 결국 운명에 고개 숙일 뿐이지, 상황이 바뀌는 게 아니거든요. 내가 계획하고 원하는 모습보다 더 멋진 모습으로, 나에게 잘 어울리는 내가 되기 위해 주어진 운명임을 받아들이며 그렇게 오늘을 버티는 겁니다.

고통과 행복은 언제나 함께 있다

⁎

저는 아직 터널을 다 지나지 못했어요. 아직도 버티는 중이고 견디는 중입니다. 터널을 지나는 다른 쉬운 길은 없더라고요. 그래도 괜찮은 날들이 많아졌어요. 아무것도 못하고 시체처럼 누워만 있거나 미쳐서 날뛰다가 이제는 이것저것 좀 합니다. 그러니 이렇게 책도 썼죠. 여전히 어느 날은 굉장히 좌절이 심하고 또 어느 날은 정신없이 그저 지나가기도 해요. 그렇게 하루하루를 버티면서 여기까지 왔네요.

저는 인간이라면 누구도 이러한 고통을 끝낼 수 없다고 생각해요. 사는 날 동안 고통은 가져가는 거예요. 열심히 달리면 숨이 차고 피로하지만 결과적으로 볼 때 여러 면에서 건강해지죠. 고통은 그런 거예요. 숨이 안 찰 수 없어요. 힘들지 않을 수 없어요. 그럼에도 그 모든 것을 초월하고 달리고, 아무 생각 없이 그저 지금을 견디고, 가슴이 아파서 숨을 쉬지 못할 때는 주먹으로 치면서 숨을 쉬고, 눈물이 흘러 잠을 자지 못할 때는 울면서 잠을 자고, 죽고 싶은 충동에 휩싸일 때는 죽어야 할 이유가 수백 가지라도 살아야 하는 한 가지의 이유를 구태여 부여잡으면서, 그렇게 오늘만 버텨요. 딱 지금만요.

그렇게 오늘의 고비를 넘기면 내일이 와요. 아무렇지 않게 태양이 뜨고 나무도 풀도 거기 그대로 있어요. 나도 그것들처럼 그대로 그냥 또 하루를 살아요. 그렇게 또 내일을 맞이해요. 그렇게 하루하루를 보내요. 그 모든 과정이 터널을 지나는 중인 거죠. 나는 제자리에 있는 게 아니라 앞으로 나아가는 중입니다. 다만 터널 안이 너무 어둡다 보니 앞이 잘 안 보여서 나아가고 있는지 잘 모를 뿐이에요.

그렇게 터널을 지나고 나면

시간은 약일까요? 아니요. 시간은 시간이고 약은 약입니다. 고통을 견디는 약 같은 건 없어요. 그냥 버티고 견디고 살다 보면 어느 새 시간이 지나 있는 거지, 시간이 약이 되어 나를 치료해 주는 건 아니더라고요.

생명체는 고통을 가하면 반응을 합니다. 자동 반사적으로 팔딱거리고 고통스러워합니다. 곤충, 물고기, 동물, 사람, 다 마찬가지죠. 자동 반사적인 것을 무슨 수로 막나요. 그냥 충분히 아파하면서 팔딱거리세요. 충분히 팔딱거리고 나면 서서히 힘이 빠집니다. 힘이 빠지면 그 고통에서 벗어나고자 하는 게 아니라 그냥 고통과 하나가 됩니다. 즉 충분히 아파하며 아픔을 품다 보면 결국 초월하게 되는 것이죠. 정신을 잃으면 제정신이 돌아옵니다. 충분히 넘어져야 일어섭니다. 충분히 망가져야 제대로 삽니다.

고통과 행복은 반대가 아니라 친구고 짝꿍이에요. 태양 옆에 구름이 있고 구름 옆에 태양이 있습니다. 고통 옆에 행복이 있고 행복 옆에 고통이 있어요. 슬픔 옆에 기쁨이 있고 기쁨 옆에 슬픔이 있습니다. 좌절 옆에 성공이 있고 성공 옆에 좌절이 있습니다. 사랑 옆에 분노가 있고 분노 옆에 사랑이 있습니다. 아주아주 먼 것 같지만 바로 옆에 있습니다.

우리는 그 모든 것을 왔다 갔다 하며, 이렇게 저렇게 어우르며 살아갑니다. 기쁠 수만 없고 잘될 수만 없어요. 짝꿍을 외면하지 말고 거부하지 말고 그냥 받아주세요. 그래야 덜 고통스럽습니다. 충분히 팔딱거리고 힘이 빠지면 그때 비로소 옆에서 기다리고 있던 다음 짝꿍에게로 넘어가요. 아픈 것도 기회인데 이 기회에 충분히 아프자고요.

아픈 나의 가슴을 지금 나의 따뜻한 손길로 한번 쓸어내려 주세요. 나를 달래주세요. 성장통이 좀 과해서 고생이 많노라고 격려하며 안아주세요. 그리고 나를 보세요. 'I'm nothing', 나는 아무것도 아닙니다. 나는 아플 수 있고 좌절할 수 있는 우주의 한 일원일 뿐이죠. 그리고 다른 사람을 보세요. 그들도 그렇게 힘든 시간을 거치면서 살아가고 있어요.

나만 힘든 건 아닙니다. 우리 인생 다 그래요. 그리고 하늘을 보세요. 나보다 더 큰 세상이 있어요. 그 세상의 뜻에 따라 고통의 운명에 처해 있음을 받아들이고, 내가 계획한 것보다 더 나은 삶을 선사해 줄 그 숙명에 굴복하는 겁니다. 그렇게 터널을 천천히 지나고 나면 여러분은 굉장히 단단하고 큰 사람이 되어 있을 겁니다. 아직도 다 지나지 못한 저와 함께 말이죠.

아픔을 견디는 연습

1. 오늘만 보기

답이 없는 상황을 마주했다면 억지로 답을 찾지 말고 딱 오늘만 버텨요. 과거를 돌리려 하거나 미래를 통제하려 하지 말고 딱 오늘만 버티는 거예요. 그것도 어렵다면 2시간만 버텨요. 2시간 후에는 또 2시간을 버티고요.

2. 나를 보기

스스로를 남보다 높게 보는 건 아닌지 돌이켜보세요. 나는 특별해서 늘 사랑받아야 하고 성공해야 한다고 생각한다면 거절당하거나 실패했을 때 더 고통스럽습니다.

3. 타인을 보기

누구나 자신만의 고통을 견디며 살아갑니다. 타인의 고통과 비교하며 자신을 위로하거나 고통에 더 취하지 말고, 누구든 고통을 겪으며 살아간다는 사실을 기억해 주세요.

4. 하늘을 보기

세상의 모든 존재는 누구나 변수를 만나고 뜻밖의 상황에 놓입니다. 그 아픔을 견디며 성숙해져요. 나를 성장시키는 과정이라는 걸 받아들이면 오늘을 버틸 수 있습니다.

나를 보듬는 성숙한 마음 6.
힘을 빼기

삶은 언제나 예측불가

고통의 터널을 지나다 보면 나의 뜻과 욕심, 목표에 대한 집념이 줄어들어요. 관조하는 태도로 삶과 자신을 바라보고 욕망과 목표에 대한 힘을 뺄 수 있습니다.

빠듯하게 힘을 주어 자신의 뜻을 관철시키려고만 했던 경직된 모습에서 이래도 좋고 저래도 좋은 여유롭고 편안한 모습으로 바뀌어 갑니다. 그리고 우주의 먼지 같은 나의 가치는 우주에도 다 담을 수 없음을 알게 됩니다. 아무것도 아닌 (nothing) 내가 곧 전부(everything)였음을 알게 됩니다. 타인도 똑같이 귀한 존재임을 알고요.

나 외에 다른 세상이 보이기 시작합니다.

힘을 빼고 유연하게

힘을 주지 않고 사는 인생은 어떨까요? 굉장히 유연한데 중심에는 그 무엇에도 흔들리는 않는 강력한 힘이 있습니다. 그 힘은 내가 억지로 쓰는 게 아니에요. 내가 나를 부여잡기 위해 힘을 쓰는 게 아니라 원래부터 장착되어 있었던 것처럼 중심을 잡아주는 무거운 추가 하나 있는 느낌입니다. 그런데 그 추는 굉장히 유연해서 넘어졌다, 일어섰다를 반복하며 앞뒤로, 왼쪽 오른쪽으로 자유자재로 움직입니다. 그러나 절대 중심을 벗어나지 않아요. 이것이 바로 힘을 빼고 사는, 여유 있고 융통성 있는 사람들의 모습입니다.

이것은 돈을 많이 벌고 높은 지위에 올라 흔히 사회적으로 성공했다고 하는 것과는 전혀 별개의 개념입니다. 남들이 보기에 별거 아닌 직업과 '0'이 별로 붙어 있지 않은 통장 잔고를 가지고 있다고 해도 이들은 딱히 남을 부러워하지도 않고, 남을 비하하지도 않습니다. 모두가 동등하고 가치롭죠.

제가 나이에 비해서 직업이 좀 많잖아요. 목사이자 상담사고, 학생이고, 강사이고, 유튜버입니다. 사람들이 종종 저한테 물어봐요.

"그 나이에 어떻게 그렇게 많은 걸 이뤘어?"

"몰라. 힘을 쭉 빼고 있었더니 파도를 따라 여기까지 왔네."

저는 이제 인생을 파도타는 것처럼 살아요. 한때는 하나부터 열까지 철저하게 계산하고 계획해서 야무지고 똑똑하게 살았지만 지금은 전혀 아니에요. 때로는 내가 길을 만들어놓고 가는 게 아니라 그냥 내가 걸어가면 그게 길이 돼요.

계획에 맞게 착착 살 수 있는 사람이 얼마나 있을까요? 저는 없다고 봐요. 인생은 아무도 몰라요. 당장 내일도 무슨 변수가 있을지 우리는 아무것도 몰라요. 사람의 마음은 수시로 바뀌고요. 행복한 사람은 그때마다 자신이 하고 싶은 걸 하면서 자기실현을 해요. 저의 5가지 직업 중에서 뭐 하나라도 제가 계획해서 된 게 없어요. 그냥 살았는데 여기 있어요. 그때그때 하고 싶은 걸 했을 뿐이에요. 즐기면서 최선을 다해 주어진 삶을 살았을 뿐이에요.

파도라는 변수를 즐긴다는 것

우리가 촘촘하게 계획하는 이유는 실패할까 봐 불안해서 그래요. 준비성이 철저하다는 건 실패와 손해를 최소화하겠다는 거죠. 물론 장점도 있어요. 대비하면 리스크가 줄어드는 건 사실이니까요. 대신에 만약 계획한 대로 안 되면 좌절이 심해요. 다시 일어서거나 다시 무슨 꿈을 꾸기가 힘들어져요. 준비가 철저했던 만큼 회생하기가 힘들어져요.

파도타기를 하는데 각 잡고 열심히 수영을 해보세요. 즐기기는커녕 굉장히 에너지 소모가 심하고 육지에 도착하기도 어려워요. 파도를 탈 때는 몸에 힘을 빼야 합니다. 구명조끼를 입거나 튜브 하나만을 끼고 유유자적하며 파도에 몸을 맡길 때 파도를 즐길 수 있는 거잖아요.

파도타기는 나와 파도의 합작이지, 내가 파도를 통제할 수는 없어요. 세상을 살아간다는 건 세상과 나의 합작이에요. 그중에서 내가 통제할 수 있는 건 생각보다 별로 없어요. 성숙한 어른은 이것을 받아들일 줄 알아요. 인생은 내 뜻대로 할 수 없구나, 이건 어쩔 수 없는 거구나, 하고 힘을 뺄 줄 알아요. 그리고 오히려 튜브 하나만 끼고서 그 파도의 변수와 업다운을 즐기죠.

그러니까 미래를 설계하고 결정할 때 너무 힘을 주지 마세요. 힘을 빼고 주어진 상황과 그 순간의 내 마음을 따라서 성실하게 파도를 타다 보면 어느 순간 멋진 땅에 닿아 있을 거예요. 예상치 못했기 때문에 더욱 그 땅이 아름답죠.

반드시 힘을 빼야 보이는 것들

⁘

어떤 편집자분과 미팅을 하는데 그분이 저에게 이런 말을 하더라고요.

"저는 많은 저자를 만나는데 책이 잘되는 저자에게서 공통적으로 느껴지는 특유의 분위기가 있거든요. 그런데 선생님에게서…."

"혹시 저에게도 그게 있다는 말씀을 하시려는 건가요?"

"아, 네!"

"하하하. 다행이네요?"

"선생님께서 많은 아픔을 겪으셨으니 다른 사람에게도 그 비결을 알려줄 준비가 되신 거겠죠? 그러니 책을 쓰시는 거고요."

"글쎄요. 저는 딱히 비결이 있지도 않고 남을 가르칠 만한 시람도 아닙니나. 제가 무엇이 되었기 때문에 책을 쓰는 게 아니라 그냥 제 자신을 정리하려고 쓰는 거예요. 누군가 보고 도움이 된다면 좋겠지만, 그러지 않을 수도 있겠죠. 그렇게 큰 뜻을 가지고 쓰는 건 아니에요. 오히려 모든 것을 놓았기 때문에 할 수 있는 것 같아요. 많이 살지는 않았지만 가만 보니까 인생이라는 게 잡으려고 하면 놓치고, 놓으려고 하면 잡히더라고요. 제가 이제 뭐를 잡을 힘도 없고 그럴 주제도 못 되고 아무 힘이 없어서 책을 쓸 수 있는 것 같아요. 그래서 뭔가를 이루고 누구를 가르치려고 하기보다는 제가 재밌으니까 하는 거예요. 인생 즐겨야죠. 저는 재미없으면 못 해요. 저는 보람보다 재미가 우선인 사람이거든요."

"모든 것을 놓았다고 하셨는데 왜 유튜브는 열심히 하시는 거예요?"

"저 유튜브 안 찍은 지 두 달이 넘었어요. 계속 옛날 영상만 2주에 한 번씩 간간히 올리고 있어요. 그런데도 구독자들에게 아직도 열심히 하는 것처럼 보여서 다행입니다. 하하."

"저도 책을 만들다 보면 목표에 집착하게 되는데, 사실 한 명의 독자라도 저렴한 가격에 양질의 정보를 얻고 도움을 받을 수 있다면 그걸로 충분한 거잖아요. 그걸 기억해야 하는데요."

"맞아요. 13만 명이라는 구독자는 숫자가 아니라 사람이죠. 그게 저를 겸허하게 만들어요. 우리는 사람을 상대하는 거잖아요. 책을 사서 읽는 독자는 숫자가 아니라 사람이라는 것을 수시로 상기한다면 책을 쓰는 사람이나 편집하고 만드는 사람이나 성과로부터 좀 자유로워지고 정말 의미 있는 책을 만들 수 있지 않을까 싶어요."

고통과 행복을 줄타기하듯

힘을 빼면 진짜 중요한 게 보여요. 일단은 내가 중요합니다. 나의 즐거움과 보람, 재미, 의미 등이요. 나보다 타인을 먼저 생각한다는 것은 있을 수도 없는 일이며, 만약 그렇게 살고 있다면 그건 건강하지 않은 겁니다. 자신도 돌보지 못하는 사람은 진정한 의미의 이타심을 가질 수 없어요. 사랑과 섬김을 베푸는 주체가 나 자신인데 어떻게 내가 나를 착취하고 함부로 대하면서 이타적인 삶을 살 수 있나요?

나를 먼저 돌보고, 내가 하고 싶은 것을 하세요. 그 과정 자체가 나의 삶을 살고 있는 것이기에 꼭 결과적으로 무엇을 이루거나 꼭 무엇이 되지 않아도 괜찮은 거잖아요. 그저 내가 즐거웠고 의미와 성장이 있었다면 그걸로 괜찮은 거잖아요. 내가 무엇이 되지 못하고 사랑받지 못하고 인정받지 못해서 크나큰 좌절이 있다면 자아의 크기를 좀 줄여야겠죠.

고통이 오면 팔딱거리는 것은 당연하니까 충분히 아파하고 슬퍼하고 좌절한 다음에 천천히 일어서면 돼요. 일어서지 못하겠으면 그냥 누워 있어도 돼요. 그렇게 지금 이 순간을 견딜 수 있는 사람, 파도를 즐기는 사람은 어느 날 뜻하지 않게 아름다운 땅에 도착합니다. 그렇게 고통과 행복을 줄타기하듯 왔다갔다 자연스럽게 즐기는 것이 성숙함이 아닐까 싶습니다.

미숙함을 버리지 않고 안고 데려가는 것, 나의 성과와 행동이 아닌 존재 자체를 그대로 받아들이는 것, 나의 무엇을 좋아하는 게 아니라 나 자신을 가치화하는 것, 나의 성격을 도구로 보고 상황에 맞게 활용하는 것, 답이 없는 상황에서 답을 찾지 않고 하루하루를 버티는 것, 그렇게 힘을 빼고 파도 타듯이 유연하게 사는 것, 그것이 곧 성숙함입니다.

유연하게 살아가는 연습

1. 힘을 빼기

미래를 설계할 때 하나부터 열까지 빼곡하게 계획을 세우고 완벽하게 실행하려 애쓰지 마세요. 언제든 변수가 생겨 실패할 수 있다는 사실을 알면 계획대로 안 되었을 때도 조금 더 쉽게 다시 일어설 수 있어요.

2. 나의 즐거움과 재미를 찾기

내가 하고 싶은 것이 무엇인지 그때그때 마음을 들여다보고, 마음이 이끄는 대로 유연하게 선택해요. 온전히 나를 위해 내가 원하는 것을 했다면 꼭 무언가를 이루지 않아도 충분합니다.

3. 지금 이 순간에 머물기

고통이 오면 충분히 아파하고 행복이 오면 온전히 기뻐하며 지금 이 순간의 나를 돌봐요. 그렇게 고통과 행복을 줄타기하듯 즐기다 보면 유연하고 성숙하게 삶을 즐기는 나를 발견하게 될 거예요.

울기도 하고 웃기도 하며 행복하기를!

저와 함께한 내면 여행 어떠셨나요? 저는 참 즐거웠습니다. 우울증으로 아무 의욕도 없고 재밌는 게 아무것도 없을 때 이 원고 쓰는 일이 유일하게 재밌는 일이었어요. 그 어떤 압박이나 부담도 없이 혼자 수다를 떨 듯이 그야말로 즐겼습니다. 혼자 울기도 하고 웃기도 하면서요. 저에게 이 작업은 '글쓰기 치료' 같은 것이었나 봐요.

처음 원고를 쓸 때만 해도 저는 '아픈 사람'이었는데 마지막으로 에필로그를 쓰는 지금은 '깊은 사람'이 됐네요(자기가 자기한테 깊다는 말을 이렇게 아무렇지 않게 쓰는 것도 독보적인 저의 캐릭터입니다. 적응하셨죠?). 이제 약도 끊었고 울며 잠들지도 않습니다. 그렇다고 눈에 띄게 행복하거나 좋아죽겠는 것도 아니죠. 지금이 딱 좋습니다. 과도한 희망은 위험하니까요.

276

저에게 5개의 직업이 있다고 했는데 하나가 더 추가됐네요. 작가. 제 자신에게 축하를 보냅니다. 그리고 제가 책 내기만을 기다려주신 저의 '찐팬'들과 구독자분께 감사를 드립니다. 제가 가면을 벗었을 때 그대로 수용해 준 남편과, 저를 믿어 준 아빠와 저와 함께 울어준 엄마, 그리고 죽어야 할 이유가 100개가 넘어도 살아야 하는 단 하나의 이유가 되어 준 아들들에게 고맙습니다.

그리고 계속 출판사들의 출간 요청을 거절해 왔던 저에게 이제 책을 써도 되지 않겠냐고 제안해 주셨던 최지원 교수님께 감사드립니다. 제2의 저자인가 싶을 만큼 책에 많이 등장하셨는데, 관계에 미숙했던 제가 성숙해지는 과정을 보여드리느라 실제 사례를 넣다 보니 자주 나오게 되셨네요. 독자 여러분이 이 책을 보면서 '나도 이런 진실하게 소통하는 관계를 맺고 싶다'라고 생각하시기를 바라며, 누구라도 그렇게 할 수 있다는 것을 모델링으로 보여드리고 싶었습니다.

그리고 제 우울증의 촉발 요인이었던 그 친구 이야기를 안 할 수가 없네요. 저는 그 친구가 이 책을 읽게 된다면 저를 병들게 하고 죽음으로 몰아넣었다는 죄책감은 갖지 않기를 바랍니다. 지금 제가 이렇게 잘 살고 있으니까요. 심지어 당당하고 편안하기까지 하니까요. 그때 아팠던 덕분에 저는 가면을 벗은 거예요. 그래도 고맙다는 말은 안 하고 싶네요. 아직도 생각하면 엄청 아프거든요. 뒤끝 작렬인가요?

그냥 그렇게 사는 거예요. 사랑도 하고 미워도 하고, 울기도 하고 웃기도 하고, 고마워하기도 하고 원망도 하면서요. 제가 책을 완성하고 우울증이 나았다고 해서 그 친구를 생각했을 때 아무렇지 않아야 하나요? 그건 아직도 성장을 덜 한 걸 거예요. 삶의 양면성과 나의 양면성, 즉 미숙함과 성숙함을 통합하고 눈물과 웃음을 통합해서 함께 어우러져 살아가는 게 성장이죠. '고생 끝 행복 시작'이라는 이분법적인 사고를 버리고 '고생 중에도 행복이 있고, 행복하더라도 아픔은 있지'라는 통합적 사고를 하자는 게 이 책에서 말하고자 하는 핵심 주제입니다. 통합한다면 나를 타인에게 있는 그대로 내비춰도 수치심 없이 자연스럽고, 오히려 더 매력적으로 보입니다. 고통과 행복을 그대로 수용하기 때문에 유쾌하지만 묵직한 사람이 될 거예요.

인생을 숙제처럼 살지 않기를, 파도 타듯이 살기를 응원합니다.

힘 빼고 유연하게, 모든 순간을 파도 타듯 즐기는 심리 수업

인생을 숙제처럼 살지 않기로 했다

초판 1쇄 발행 2023년 2월 1일
초판 7쇄 발행 2024년 6월 3일

지은이 웃따
펴낸이 김선식

부사장 김은영
콘텐츠사업본부장 박현미
기획편집 박윤아 **책임마케터** 오서영
콘텐츠사업4팀장 임소연 **콘텐츠사업4팀** 황정민, 박윤아, 옥다애, 백지윤
마케팅본부장 권장규 **마케팅1팀** 최혜령, 오서영, 문서희 **채널1팀** 박태준
미디어홍보본부장 정명찬 **브랜드관리팀** 안지혜, 오수미, 김은지, 이소영
뉴미디어팀 김민정, 이지은, 홍수경, 서가을
크리에이티브팀 임유나, 박지수, 변승주, 김화정, 장세진, 박장미, 박주현
지식교양팀 이수인, 염아라, 석찬미, 김혜원, 백지은
편집관리팀 조세현, 김호주, 백설희 **저작권팀** 한승빈, 이슬, 윤제희
재무관리팀 하미선, 윤이경, 김재경, 이보람, 임혜정
인사총무팀 강미숙, 지석배, 김혜진, 황종원
제작관리팀 이소현, 김소영, 김진경, 최완규, 이지우, 박예찬
물류관리팀 김형기, 김선민, 주정훈, 김선진, 한유현, 전태연, 양문현, 이민운
외부스태프 표지 및 본문디자인 디스커버

펴낸곳 다산북스 **출판등록** 2005년 12월 23일 제313-2005-00277호
주소 경기도 파주시 회동길 490 다산북스 파주사옥 3층
전화 02-702-1724 **팩스** 02-703-2219 **이메일** dasanbooks@dasanbooks.com
홈페이지 www.dasanbooks.com **블로그** blog.naver.com/dasan_books
종이 (주)아이피피 **인쇄** 민언프린텍 **코팅 및 후가공** 평창피앤지 **제본** 다온바인텍

ISBN 979-11-306-9694-2 (03180)

다산북스(DASANBOOKS)는 독자 여러분의 책에 관한 아이디어와 원고 투고를 기쁜 마음으로 기다리고 있습니다.
책 출간을 원하는 아이디어가 있으신 분은 다산북스 홈페이지 '원고투고'란으로 간단한 개요와 취지, 연락처 등을 보내주세요.
머뭇거리지 말고 문을 두드리세요.